AR
증강현실 및
VR
**가상현실
그리고 메타버스 디자인**

증강현실(AR) 및 가상현실(VR)
그리고 메타버스 디자인

초판 1쇄 발행 2025년 4월 8일

지은이 나유미
펴낸이 장길수
펴낸곳 지식과감성#
출판등록 제2012-000081호

교정 및 편집 지식과감성#
마케팅 김윤길

주소 서울시 금천구 빛꽃로298 대륭포스트타워6차 1212호
전화 070-4651-3730~4
팩스 070-4325-7006
이메일 ksbookup@naver.com
홈페이지 www.knsbookup.com

ISBN 979-11-392-2535-8(93000)
값 19,000원

- 이 책의 판권은 지은이에게 있습니다.
- 이 책 내용의 전부 또는 일부를 재사용하려면 반드시 지은이의 서면 동의를 받아야 합니다.
- 잘못된 책은 구입하신 곳에서 바꾸어 드립니다.

지식과감성#
홈페이지 바로가기

AR
증강현실 및
VR
가상현실
그리고 메타버스 디자인

나유미 지음

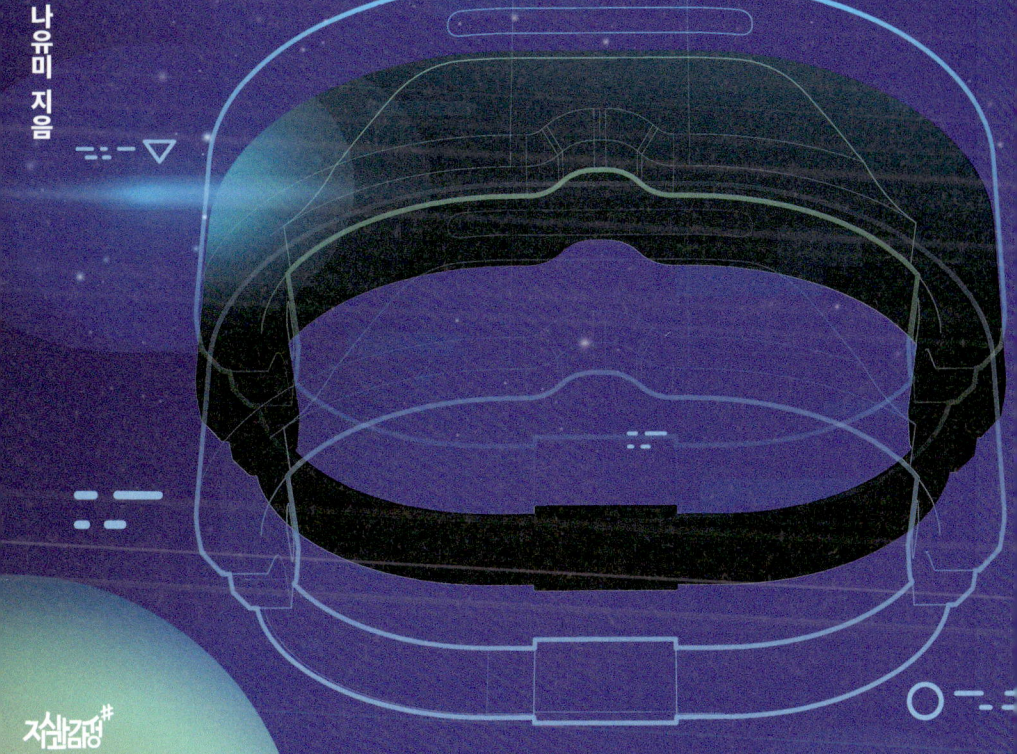

서문

증강현실AR과 가상현실VR은 점점 더 우리 삶의 일부가 되어 가고 있습니다. 이 기술들은 단순한 흥미를 넘어서, 교육, 의료, 엔터테인먼트 등 다양한 분야에서 새로운 가능성을 열어 가고 있으며, 사람들이 서로 소통하고 세상을 경험하는 방식을 바꾸고 있습니다.

이 책을 집필하게 된 동기는 AR과 VR 기술을 처음 접하는 **디자이너**나 **연구자**들이 기초적인 개념을 쉽게 이해하고, 이를 실무에 적용할 수 있는 방법을 찾을 수 있도록 돕고자 하는 마음에서 시작되었습니다. 저는 이 기술들에 대한 흥미와 열정을 바탕으로, 이 분야에 막 발을 들인 사람들이 이론적인 지식뿐만 아니라 실질적인 설계 원칙까지 배울 수 있는 전문적인 지침서가 필요하다고 느꼈습니다.

이 책은 **AR/VR 기술의 기본 개념**을 명확하게 설명하는 데서 출발합니다. 이론적인 내용에만 그치지 않고, **기술적 원리**와 **인터페이스 설계의 핵심 원칙**을 다루며, 이를 실제 프로젝트에 어떻게 적용할 수 있을지 구체적으로 제시하고 있습니다. 이를 통해 독자들이 AR/VR의 가능성을 충분히 이해하고 창의적으로 활용할 수 있는 토대를 마련하고자 했습니다.

또한, 이 책은 AR/VR 기술이 **AI**, **5G** 등의 최신 기술과 어떻게 융합될 수 있는지, 그리고 이러한 기술적 변화가 향후 디자인과 상호작용에 어떤 영향을 미칠지에 대한 통찰도 제공합니다.

이 책이 AR과 VR에 관심을 가진 모든 이들에게 영감을 주고, 이 기술들을 기반으로 더 창의적이고 혁신적인 작업을 이끌어 낼 수 있는 계기가 되기를 바랍니다.

목차

서문   4

1장   증강현실과 가상현실의 시대

1.1   현재의 기술적 환경   12
1.2   AR과 VR의 발전 가능성과 미래 전망   14
1.3   인터랙티브 미디어 디자인에서의 AR과 VR의 역할   18
1.4   책의 구성과 챕터별 내용 소개   21

2장   AR 및 VR 기술의 기본적 이해

2.1   주요 기술 구성 요소   26
2.2   하드웨어와 소프트웨어의 상호작용   39
2.3   기술 발전 동향과 미래 전망   43

3장 몰입형 사용자 경험 설계 원칙

3.1 몰입형 경험이란?	52
3.2 AR/VR에서 몰입의 중요성	53
3.3 몰입의 심리학적 기초	54
3.4 사용자 참여와 상호작용 디자인	60
3.5 경험 지속성과 사용자 피로도 관리	63

4장 AR 기반 인터랙티브 디자인

4.1 AR 디자인의 이론적 기반	68
4.2 AR 인터페이스 설계 원칙	89
4.3 성공적인 AR 애플리케이션 사례 분석	92

5장 VR 기반 인터랙티브 디자인

5.1 VR 디자인의 이론적 기반	104
5.2 3D 인터페이스 설계 원칙	110
5.3 성공적인 VR 콘텐츠 사례 분석	113

6장 기술적 구현 방법론

- 6.1 AR 및 VR 애플리케이션 개발 프로세스   124
- 6.2 프로토타이핑 및 반복적 설계   131
- 6.3 사용자 테스트 전략   136
- 6.4 성능 최적화   143
- 6.5 기술적 도전 과제 및 해결 방안   148
- 6.6 사례 연구: 성공 및 실패 요인   152
- 6.7 최신 기술과 트렌드의 통합   156

7장 사용자 상호작용과 내비게이션 디자인

- 7.1 제스처 기반 상호작용 설계   167
- 7.2 음성 명령과 하이브리드 인터페이스 통합   170
- 7.3 내비게이션 패턴과 사용자 흐름 최적화   172

8장 AR과 VR의 산업별 응용 사례

- 8.1 헬스케어 산업에서의 AR과 VR 활용   179
- 8.2 제조업에서의 AR과 VR 활용   181
- 8.3 교육 분야에서의 AR과 VR 활용   183
- 8.4 소매업에서의 AR과 VR 활용   186
- 8.5 건축 및 부동산 분야에서의 AR과 VR 활용   188
- 8.6 금융 산업에서의 AR과 VR 활용   190
- 8.7 엔터테인먼트 산업에서의 AR과 VR 활용   196

9장 윤리적 및 사회적 고려사항

9.1 사용자 프라이버시와 데이터 보안　203
9.2 몰입형 경험의 심리적 영향　206
9.3 접근성 및 포용적 디자인 원칙　209

10장 미래 전망과 혁신 방향

10.1 AR과 VR의 통합과 MR　215
10.2 차세대 인터랙티브 미디어 트렌드　217
10.3 지속 가능한 AR/VR 기술 개발　220

11장 결론

11.1 주요 논점 요약　225
11.2 실무자와 연구자를 위한 제언　228
11.3 핵심 연구 질문 및 향후 연구 방향　230

참고 문헌　234
이미지 출처　235

1장

**증강현실과
가상현실의 시대**

1장 | 증강현실과 가상현실의 시대

1.1 현재의 기술적 환경

　현대 사회는 디지털 혁신의 물결 속에서 빠르게 변화하고 있으며, 이 변화의 중심에는 증강현실Augmented Reality, AR과 가상현실Virtual Reality, VR이 자리 잡고 있다. AR과 VR은 단순한 기술적 진보를 넘어, 인간의 경험과 상호작용 방식을 근본적으로 변화시키고 있다. AR은 현실 세계에 디지털 정보를 덧붙여 새로운 시각적 경험을 제공하는 반면, VR은 사용자를 완전히 가상으로 생성된 환경으로 몰입시켜 현실과는 다른 세계를 체험하게 한다.

　AR은 스마트폰, 태블릿, 스마트 글래스 같은 다양한 디바이스를 통해 구현되며, 현실과 디지털 세계의 경계를 허물고 있다. 포켓몬 고Pokémon GO와 같은 모바일 게임은 AR의 대표적인 응용 사례로, 사용자들이 실제 환경을 탐험하면서 가상의 포켓몬을 포획하는 경험을 제공하였다. 이러한 AR 애플리케이션은 일상생활 속에서 디지털 정보를 자연스럽게 통합하여, 사용자 경험을 향상시키는 데 기여하고 있다.

반면에 VR은 Oculus Rift, HTC Vive, PlayStation VR과 같은 VR 전용 헤드셋을 통해 구현되며, 사용자를 완전히 새로운 가상 세계로 이끈다. VR은 주로 게임, 교육, 시뮬레이션 등에서 활용되며, 사용자가 물리적 현실과 단절된 상태에서 몰입형 경험을 할 수 있도록 설계되었다. VR 기술은 고해상도의 디스플레이, 정밀한 모션 트래킹Motion Tracking[1], 고주사율 패널[2] 등을 통해 현실감 있는 가상 환경을 제공하며, 사용자에게 깊은 몰입감을 선사한다.

---

1   모션 트래킹 Motion Tracking : 사용자의 움직임을 감지하여 가상 환경 내에서 반영하는 기술로, VR 기기에서는 사용자의 손과 머리 움직임을 실시간으로 추적하여 보다 자연스러운 인터랙션을 가능하게 한다.
2   고주사율 패널 High Refresh Rate Panel : 1초당 화면이 갱신되는 횟수를 나타내며, 높은 주사율 예: 90Hz, 120Hz 은 보다 부드럽고 자연스러운 화면 전환을 제공하여 VR 환경에서의 멀미를 줄이고 몰입감을 높이는 역할을 한다.

	증강현실 AR	가상현실 VR
정의	현실 세계에 디지털 정보를 겹쳐서 보여 주는 기술	완전히 가상으로 생성된 환경을 제공하는 기술
사용 장비	스마트폰, 태블릿, 스마트 글래스	VR 헤드셋 Oculus Rift, HTC Vive, PlayStation VR 등
사용 환경	실제 환경과 함께 사용	완전한 가상 공간 내에서 사용
몰입도	현실과 디지털 콘텐츠가 결합된 중간 수준	사용자가 현실과 단절된 완전한 몰입
대표 사례	포켓몬 고, IKEA Place	비트 세이버, Google Earth VR
주요 활용 분야	게임, 마케팅, 교육, 산업 유지보수	게임, 시뮬레이션, 의료, 훈련 및 교육

증강현실 AR vs 가상현실 VR 특징 비교

1.2 AR과 VR의 발전 가능성과 미래 전망

- **1960년대:** VR의 초기 개념이 등장, 모턴 헤일리 Morton Heilig 가 최초의 몰입형 시스템인 센소라마 Sensorama 개발.
- **1970-80년대:** NASA와 연구 기관에서 HMD Head-Mounted Display 기술 연구, 초기 형태의 VR 기술 등장.

- **1990년대**: 최초의 상업적 VR 기기 등장, SEGA와 Nintendo에서 VR을 활용한 게임 기기 시도.
- **2000년대**: AR 기술이 본격적으로 발전, 마크 웰저^{Mark Weiser}의 유비쿼터스 컴퓨팅 개념과 접목되며 다양한 산업에서 활용.
- **2010년대**: 스마트폰 기반 AR/VR 기술 급성장, Google Glass, Oculus Rift 등 대중적인 AR/VR 디바이스 출시.
- **2020년 이후**: AI, 5G, 엣지 컴퓨팅과 결합된 고도화된 XR^{Extended Reality} 기술 발전, 애플 비전 프로^{Apple Vision Pro}와 같은 MR 디바이스 등장.

AR과 VR 기술은 아직도 발전의 초기 단계에 있으며, 앞으로의 기술적 진보는 이 두 기술의 잠재력을 극대화할 것이다. 인공지능^{Artificial Intelligence, AI}, 머신러닝^{Machine Learning}, 컴퓨터 비전^{Computer Vision}과 같은 첨단 기술의 통합은 AR과 VR의 경험을 더욱 풍부하고 지능적으로 만들어 줄 것이다. AI는 사용자 행동을 예측하고, 개인화된 경험을 제공하며, 실시간으로 디지털 콘텐츠를 생성하는 데 중요한 역할을 할 것이다. 예를 들어, AI 기반의 가상 비서는 사용자에게 맞춤형 정보를 제공하고, AR/VR 환경 내에서 자연스러운 상호작용을 가능하게 할 것이다.

또한, 5G 네트워크의 상용화와 엣지 컴퓨팅Edge Computing[3]의 발전은 AR과 VR의 실시간 데이터 처리와 전송을 더욱 원활하게 만들어 줄 것이다. 이는 더욱 낮은 지연 시간과 높은 대역폭을 가능하게 하며, 사용자들에게 실시간 상호작용과 멀티유저 경험을 제공할 것이다. 예를 들어, 원격 협업과 소셜 VR은 5G의 초저지연 특성을 활용하여 전 세계의 사용자들이 실시간으로 상호작용하고 협업할 수 있게 될 것이다.

미래에는 AR과 VR이 혼합현실Mixed Reality, MR로 진화하여, 현실과 가상의 경계를 더욱 모호하게 만들 것이다. MR은 AR과 VR의 장점을 결합하여, 사용자가 현실 세계와 가상 세계를 동시에 인식하고 상호작용할 수 있게 한다. 이는 산업 현장에서의 유지보수, 교육, 의료 시뮬레이션 등 다양한 분야에서 혁신적인 응용 사례를 창출할 것이다.

최근 연구에서는 AI 기반의 AR 및 VR 시스템이 기존보다 더욱 정밀한 사용자 맞춤형 경험을 제공하는 데 기여하고 있음을 보여 주고 있다. 예를 들어, 한국전자통신연구원ETRI의 보고서에 따르면, AI 기술을 활용한 실시간 객체 인식 및 환

3 엣지 컴퓨팅: AI 소프트웨어를 갖춘 프로세서를 통해 데이터를 소스와 최대한 가까운 곳에서 수집, 처리하는 개념

경 매핑 기술이 AR/VR 시스템의 몰입도를 높이는 데 중요한 역할을 한다.[4] 이 연구에서는 AI 기반의 증강 현실 환경에서 사용자의 움직임과 맥락을 분석하여 동적인 상호작용을 최적화하는 기술을 소개하였다.

> **혼합현실MR이란?**
>
> 혼합현실Mixed Reality, MR은 증강현실AR과 가상현실VR의 요소를 결합하여 현실과 가상 세계가 상호작용할 수 있도록 하는 기술이다. MR 환경에서는 가상 객체가 현실 세계에 실시간으로 반응하며, 사용자는 가상 요소를 직접 조작하거나 실제 환경과 결합된 인터랙션을 수행할 수 있다.

MR의 주요 특징

- **실시간 상호작용:** 가상 객체가 현실 세계의 변화에 반응하며, 사용자가 직접 조작할 수 있음.
- **공간 인식:** AI 기반의 공간 매핑 기술을 활용하여 현실 공간 내에서 가상 객체를 배치하고 조정할 수 있음.
- **멀티모달 인터페이스:** 시선 추적, 제스처 컨트롤, 음성 인식 등을 활용하여 더욱 직관적인 인터랙션이 가능함.

---

4 한국전자통신연구원ETRI, "증강현실 및 가상현실 환경에서의 AI 기반 객체 인식 및 환경 맵핑 기술," KSP 보고서, 2023.

MR의 대표적인 응용 사례
- **산업 유지보수:** MR을 활용한 원격 협업 시스템을 통해 엔지니어들이 현장에서 가상 정보를 오버레이하여 유지보수를 수행할 수 있음.
- **의료 시뮬레이션:** 의학 교육과 수술 연습에 활용되며, 가상 환자를 통해 수술 기술을 연습하는 데 도움을 줌.
- **게임 및 엔터테인먼트:** 현실 공간과 가상 요소가 결합된 몰입형 게임 및 인터랙티브 콘텐츠 제작 가능.

1.3 인터랙티브 미디어 디자인에서의 AR과 VR의 역할

인터랙티브 미디어 디자인은 사용자와 콘텐츠 간의 상호작용을 중심으로 하는 디자인 분야로, 사용자 경험 UX의 질을 향상시키는 데 중점을 둔다. AR과 VR은 이러한 인터랙티브 미디어 디자인에 혁신적인 변화를 불러오며, 다양한 측면에서 그 중요성이 부각된다.

첫째, AR과 VR은 **사용자 참여를 증대**시킨다. 기존의 2D 미디어는 사용자가 수동적으로 콘텐츠를 소비하는 반면, AR과 VR은 사용자가 적극적으로 콘텐츠와 상호작용할 수 있는 환경을 제공한다. 이는 사용자 경험의 깊이를 더하고, 콘텐츠에 대한 몰입감을 극대화한다. 예를 들어, VR 게임은 사용자가 게임 내 캐릭터와 직접 상호작용하며, 더욱 몰입감 있는 경험을 제공한다.

둘째, AR과 VR은 **경험의 혁신**을 이끌어 낸다. 3D 공간에서의 상호작용은 새로운 형태의 스토리텔링과 정보 전달 방식을 가능하게 한다. 이는 교육, 엔터테인먼트, 마케팅 등 다양한 분야에서 혁신적인 경험을 제공한다. 예를 들어, AR을 활용한 교육 앱은 학생들이 실제와 유사한 환경에서 과학 실험을 시뮬레이션할 수 있게 하여 학습 효과를 극대화한다.

셋째, AR과 VR은 **다양한 응용 분야**에서 활용된다. AR과 VR은 교육, 의료, 엔터테인먼트, 소매 등 다양한 산업에서 맞춤형 솔루션을 제공하며, 각 분야의 특성에 맞는 혁신적인 응용 사례를 창출하고 있다. 예를 들어, 의료 분야에서는 VR을 통해 수술 시뮬레이션을 제공하여 의사의 기술을 향상시키고, 교육 분야에서는 몰입형 학습 환경을 구축하여 학습 효과를 극대화할 수 있다. 소매 산업에서는 AR을 통해 고객이 실제와 유사한 환경에서 제품을 미리 시각화해 볼 수 있게 하여 구매 결정을 돕는다.

인터랙티브 미디어 디자인이란?

인터랙티브 미디어 디자인은 사용자가 디지털 콘텐츠와 직접 상호작용할 수 있도록 설계된 디자인 분야이다. 이는 기존의 정적인 미디어와 달리 사용자와 시스템 간의 양방향 커뮤니케이션을 강조하며, 인터페이스 설계, 사용자 경험(UX), 몰입형 환경 구축 등의 요소를 포함한다.

인터랙티브 미디어 디자인의 핵심 요소

- **사용자 중심 설계:** 직관적인 UI/UX 디자인을 통해 사용자 경험을 극대화.
- **실시간 인터랙션:** 사용자의 입력에 즉각적으로 반응하는 시스템 구조.
- **몰입형 환경:** AR, VR, MR 기술을 활용하여 현실과 가상 공간을 결합.
- **스토리텔링 요소:** 감성적 경험을 강화하고 사용자 참여도를 높이는 서사적 구성.

인터랙티브 미디어 디자인의 대표적인 활용 사례

- **AR 및 VR 기반 교육 콘텐츠:** 실제 환경과 유사한 가상 학습 공간을 제공하여 학습 효율성 증가.
- **가상 전시 및 인터랙티브 아트:** 사용자의 움직임에 반응하는 인터랙티브한 전시 및 미디어 아트 구현.
- **디지털 마케팅 및 브랜딩:** 브랜드 경험을 극대화하는 체험형 광고 및

마케팅 캠페인 적용.

인터랙티브 미디어 디자인은 기술 발전과 함께 진화하고 있으며, AR과 VR의 도입으로 더욱 혁신적인 경험을 창출하고 있다.

1.4 책의 구성과 챕터별 내용 소개

본문에서는 증강현실과 가상현실 기술을 기반으로 한 인터랙티브 미디어 디자인의 이론과 실제를 심도 있게 다루고자 한다. 책은 총 11장으로 구성되며, 각 장은 해당 주제에 대한 이론적 배경과 실무적 적용 방안을 제공한다.

- **1장 증강현실과 가상현실의 시대:** AR과 VR의 기본 개념과 인터랙티브 미디어 디자인에서의 중요성을 소개하며, 본문의 전체적인 구조를 소개한다.
- **2장 AR 및 VR 기술의 기본 이해:** AR과 VR의 기술적 구성 요소, 주요 플랫폼 및 개발 도구, 기술 발전 동향과 전망을 심층적으로 다룬다.
- **3장 몰입형 사용자 경험 설계 원칙:** 몰입감을 형성하는 심리학적 요

소와 사용자 참여를 유도하는 상호작용 디자인 원칙을 설명한다.

- **4장 AR 기반 인터랙티브 디자인:** AR을 활용한 디자인 사례와 성공 전략, 인터페이스 디자인 원칙, AR 애플리케이션 및 서비스의 설계 및 구현 방법을 제시한다.
- **5장 VR 기반 인터랙티브 디자인:** VR을 활용한 디자인 사례와 성공 전략, 3D 인터페이스 디자인 원칙, VR 콘텐츠 제작 및 사용자 경험 최적화 방안을 다룬다.
- **6장 기술적 구현 방법론:** AR/VR 개발 도구와 플랫폼, 프로토타이핑과 사용자 테스트 방법, 성능 최적화 및 기술적 도전 과제 해결 방안을 설명한다.
- **7장 사용자 상호작용과 내비게이션 디자인:** 제스처 기반 상호작용, 음성 명령과 하이브리드 인터페이스 통합, 내비게이션 패턴과 사용자 흐름 최적화에 대해 다룬다.
- **8장 산업별 AR/VR 응용 사례:** 교육, 헬스케어, 엔터테인먼트, 소매업 등 다양한 산업에서의 AR/VR 응용 사례를 소개하고 분석한다.
- **9장 윤리적 및 사회적 고려사항:** 사용자 프라이버시와 데이터 보안, 몰입형 경험의 심리적 영향, 접근성 및 포용적 디자인 원칙을 논의한다.
- **10장 미래 전망과 혁신 방향:** AR과 VR의 통합과 혼합 현실, 차세대 인터랙티브 미디어 트렌드, 지속 가능한 AR/VR 기술 개발에 대해 탐구한다.
- **11장 결론:** 본문에서 다룬 주요 논점을 요약하고, 실무자와 연구자를

위한 제언 및 핵심 연구 질문과 향후 연구 방향을 제시한다.

본문에서는 AR과 VR 기술의 이론적 기초부터 실제 응용 사례까지 포괄적으로 다루며, 인터랙티브 미디어 디자인 분야에서 전문가와 연구자들에게 유용한 참고서가 될 것이다. 최신 기술 동향과 이론적 배경을 바탕으로, 독자들이 AR과 VR 기술을 효과적으로 이해하고, 이를 실무에 적용할 수 있도록 돕는 것을 목표로 한다.

2장

AR 및
VR 기술의
기본적 이해

2장 | AR 및 VR 기술의 기본적 이해

2.1 주요 기술 구성 요소

AR과 VR은 다양한 기술적 구성 요소의 결합을 통해 사용자에게 몰입형 경험을 제공한다. 이들 구성 요소는 크게 ① 하드웨어, ② 소프트웨어, ③ 네트워크 인프라로 구분할 수 있으며, 각각의 요소들이 상호작용하여 복잡한 디지털 환경을 구현한다. 이 장에서는 AR과 VR의 핵심 기술 구성 요소들을 심층적으로 분석하고, 그들이 어떻게 상호작용하여 사용자 경험을 형성하는지를 탐구한다.

2.1.1 하드웨어 구성 요소

AR 하드웨어는 현실 세계에 디지털 정보를 겹쳐 보여 주는 역할을 한다. AR의 핵심 하드웨어는 스마트 디바이스, AR 헤드셋 및 스마트 안경, 프로젝터 및 스크린 등으로 구성된다.

- **스마트 디바이스:** 스마트폰과 태블릿은 AR의 주요 플랫폼으로 활용된다. 이들 디바이스는 카메라, GPS, 자이로스코프, 가속도계 등의 센서를 통해 현실 세계를 인식하고, 디지털 콘텐츠를 실시간으로 겹쳐 보여 준다. 예를 들어, 포켓몬 고^{Pokémon GO}는 스마트폰의 카메라를 활용하여 사용자가 현실 세계를 탐험하면서 가상의 포켓몬을 포획할 수 있게 한다. 최신 스마트폰은 고해상도 카메라와 정밀한 센서를 탑재하여 AR 경험의 정밀도와 현실감을 향상시키고 있다.

- **AR 헤드셋 및 스마트 안경:** 마이크로소프트 홀로렌즈^{Microsoft HoloLens}, 구글 글래스^{Google Glass}, 매직리프^{Magic Leap} 2와 같은 전용 AR 헤드셋은 더욱 정교한 증강현실 경험을 제공한다. 이들 장치는 시야 내에 디지털 콘텐츠를 고해상도로 표시하며, 손쉬운 상호작용을 위한 동작 인식 기능을 탑재하고 있다. 예를 들어, HoloLens는 공간과 손동작을 인식할 수 있으며, 산업 현장에서의 유지보수 작업을 지원하거나, 의료 시뮬레이션으로 사용되는 등 다양한 분야에 적용될 수 있으며, 사용자에게 현실 세계와 디지털 세계의 통합된 경험을 제공한다.

- **프로젝터 및 스크린:** 일부 AR 시스템은 실제 공간에 직접 디지털 정보를 투사하는 프로젝터 기반의 AR을 사용한다. 이는 대형 설치 예

술, 전시, 산업 현장에서 실시간 정보 제공 등에 활용된다. 예를 들어, 건축 현장에서 프로젝터를 통해 실시간으로 설계도를 실제 공간에 투사하여 시각화함으로써, 건축가들이 설계를 검토하고 수정할 수 있게 한다.

VR 하드웨어는 사용자를 완전히 가상으로 생성된 환경으로 몰입시키는 역할을 한다. VR의 주요 하드웨어는 VR 헤드셋,

모션 컨트롤러, 컴퓨터 및 콘솔, 센서 및 트래킹 시스템으로 구성된다. 주요 하드웨어 구성 요소는 다음과 같다.

- **VR 헤드셋:** Oculus Rift, HTC Vive, PlayStation VR과 같은 VR 헤드셋은 고해상도의 디스플레이, 넓은 시야각, 저지연의 모션 트래킹 기능을 갖추고 있다. 이러한 헤드셋은 사용자가 가상 세계에 몰입할 수 있도록 시각과 청각을 집중적으로 자극한다. 최신 VR 헤드셋은 더욱 경량화되고 인체공학적으로 설계되어, 장시간 착용에도 편안함을 유지할 수 있다.

- **모션 컨트롤러:** VR 컨트롤러는 사용자의 손동작을 실시간으로 추적하여 가상 환경 내에서의 상호작용을 가능하게 한다. 예를 들어, Oculus Touch 컨트롤러는 사용자가 가상공간에서 물체를 집거나 조작하는 등의 자연스러운 동작을 지원한다. 최근에는 핸드 트래킹 기술이 도입되어, 사용자가 손을 직접 사용하는 것처럼 자연스럽게 가상 환경과 상호작용할 수 있게 하고 있다.

- **컴퓨터 및 콘솔:** 고성능의 그래픽 처리 능력을 갖춘 컴퓨터나 게임 콘솔은 VR 콘텐츠의 실시간 렌더링을 지원한다. 이는 높은 프레임 레이트^{Frame Rate}와 저지연성을 유지하여 사용자에게 원활한 몰입감을 제공한다. 예를 들어, HTC Vive는 강력한 PC와의 연결을 통해 복잡한 가상 환경을 구현하며, PlayStation VR은 PlayStation 콘솔과의 통합을 통해 더욱 간편한 VR 경험을 제공한다.

- **센서 및 트래킹 시스템:** 외부 센서, 베이스 스테이션, 카메라 등을 활용한 트래킹 시스템은 사용자의 위치와 움직임을 정확히 인식하여 가상 환경과의 상호작용을 실시간으로 반영한다. 예를 들어, HTC Vive의 베이스 스테이션은 사용자의 움직임을 360도 트래킹하여 정확한 위치 정보를 제공한다. 이러한 트래킹 시스템은 사용자 이동 경로를 인식하는 데 정확도를 높이고, 가상 환경 내에서의 자연스러운 움직임을 가능하게 한다.

2.1.2 소프트웨어 구성 요소

AR과 VR 소프트웨어는 하드웨어의 기능을 제어하고, 가상 또는 증강된 환경을 생성하는 역할을 한다. 소프트웨어 구성 요소는 개발 플랫폼 및 도구, 렌더링 기술, 상호작용 프레임워크 등으로 나눌 수 있으며, 이들은 사용자 경험을 극대화하기 위해 긴밀하게 통합된다.

AR 소프트웨어는 현실 세계에 디지털 콘텐츠를 정확히 배치하고, 사용자의 움직임에 따라 동적으로 반응하는 기능을 제공한다. 주요 소프트웨어 구성 요소는 다음과 같다.

- **AR 개발 플랫폼:** Apple의 ARKit, Google의 ARCore는 모바일 AR 애플리케이션 개발을 위한 주요 소프트웨어 플랫폼이다. 이들 플랫폼은 현실 환경의 인식, 트래킹, 렌더링을 지원하는 API를 제공하며, 개발자들이 쉽게 AR 콘텐츠를 제작할 수 있도록 다양한 도구와 기능을 포함하고 있다. 예를 들어, ARKit는 얼굴 인식을 통해 실시간으로 표정을 추적하고 디지털 아바타에 반영할 수 있으며, ARCore는 환경 매핑과 모션 트래킹을 통해 정밀한 AR 경험을 제공한다.

- **SLAM** Simultaneous Localization and Mapping**:** SLAM 기술은 AR 디바이스가 실시간으로 공간을 인식하고, 자신이 위치한 환경의 3D 지도를 생성하는 데 사용된다. 이는 정확한 디지털 정보의 오버레이를 가능하게 하며, 사용자의 움직임에 따라 디지털 콘텐츠가 자연스럽게 위치를 변경할 수 있게 한다. 예를 들어, ARKit과 ARCore는 SLAM 알고리즘을 활용하여 사용자의 움직임을 추적하고, 현실 환경에 디지털 객체를 정확히 배치할 수 있다.

- **컴퓨터 비전 알고리즘:** 객체 인식, 표면 추적, 동작 인식 등 다양한 컴퓨터 비전 기술이 AR 소프트웨어의 핵심을 이룬다. 이는 현실 세계와 디지털 콘텐츠의 원활한 통합을 보장한다. 예를 들어, ARKit은 얼굴 인식을 통해 실시간으로 표정을 추적하고 디지털 아바타에 반영할 수 있다. 또한, ARCore는 환경 인식을 통해 실제 공간의 표면을 감지하고, 그 위에 디지털 객체를 자연스럽게 배치할 수 있게 한다.

VR 소프트웨어는 사용자에게 몰입감 있는 가상 환경을 제공하고, 가상공간 내에서의 상호작용을 지원하는 역할을 한다. 주요 소프트웨어 구성 요소는 다음과 같다.

- **개발 플랫폼 및 도구:** AR과 VR 콘텐츠 개발을 위해서는 다양한 개발 플랫폼과 도구가 필요하다. 대표적인 개발 플랫폼으로는 **유니티**Unity 와 **언리얼 엔진**Unreal Engine이 있으며, 이들은 ARKit, ARCore, Oculus SDK, SteamVR 등 다양한 SDK와의 통합을 지원하여 개발자들이 손쉽게 AR과 VR 애플리케이션을 제작할 수 있도록 돕는다.

유니티는 사용자 친화적인 인터페이스와 광범위한 플랫폼 지원으로 인해 AR/VR 개발의 표준 도구로 자리매김하고 있다. C#을 기반으로 한 스크립트 언어와 풍부한 에셋 스토어를 통해 개발자들은 빠르게 프로토타입을 제작하고, 복잡한 AR/VR 콘텐츠를 효율적으로 개발할 수 있다. 유니티의 HDRP와 URP는 다양한 그래픽 요구사항을 충족시키는 데 필수적인 도구로, 개발자들이 각 프로젝트의 특성에 맞는 그래픽을 구현할 수 있게 한다.

언리얼 엔진은 고품질의 그래픽 렌더링과 실시간 물리 시뮬레이션을 지원하는 강력한 게임 엔진으로, 블루프린트 노코드와 같은 비주얼 스크립팅과 C++ 기반의 고급 개발 기능을 제공한다. 언리얼 엔진은 사실적인 그래픽 구현에 강점이 있으며, 대작 게임 개발, 영화 및 애니메이션 제작, 건축 시각화 등 고품질 콘텐츠 제작에 주로 사용된다. 언리얼 엔진의 고급 렌더링 기술은 사용자에게 더욱 사실적이고 몰입감 있는 경험을 제공하며, 복잡한 물리적 상호작용을 실시간으로 구현할 수 있게 한다.

대표적인 게임 사례

- **포트나이트** Fortnite**:** 에픽게임즈가 개발한 대표적인 배틀로얄 게임으로, 언리얼 엔진을 활용해 방대한 오픈 월드와 실시간 건설 시스템을 구현하였다.
- **파이널 판타지 VII 리메이크:** 스퀘어에닉스에서 개발한 고품질 그래픽 RPG로, 언리얼 엔진 4를 활용하여 사실적인 캐릭터 모델과 정교한 환경을 표현하였다.
- **스트리트 파이터 6:** 캡콤에서 개발한 격투 게임으로, 언리얼 엔진을 활용해 더욱 사실적인 그래픽과 물리 기반 애니메이션을 구현하였다.

에픽게임즈 포트나이트 게임 사이트

대표적인 영화 및 애니메이션 사례

- **만달로리안**^{The Mandalorian} : 디즈니+에서 제작한 스타워즈 시리즈 드라마로, 언리얼 엔진을 활용한 가상 프로덕션 기술^{LED 월}을 사용하여 실시간 배경 렌더링을 구현하였다.
- **라이온 킹**^{The Lion King(2019)} : 디즈니의 실사 애니메이션 영화로, 언리얼 엔진을 활용하여 가상 환경에서 애니메이션 장면을 제작하고 실시간으로 미리보기하는 기술을 도입하였다.
- **러브, 데스 + 로봇**^{Love, Death & Robots} : 넷플릭스에서 제작한 SF 애니메이션 시리즈로, 일부 에피소드에서 언리얼 엔진을 활용하여 사실적인 애니메이션과 가상 카메라 기술을 적용하였다.

이와 같이 언리얼 엔진은 게임뿐만 아니라 영화, 애니메이션, 건축 시각화 등 다양한 분야에서 혁신적인 콘텐츠 제작을 지원하는 핵심 기술로 자리 잡고 있다.

	유니티 Unity	언리얼 엔진 Unreal Engine
그래픽 품질	중급~고급, 최적화 가능	고품질, 사실적인 렌더링
스크립팅 언어	C# 기반, 직관적인 개발 환경	C++ 기반, 강력한 성능
비주얼 스크립팅	지원하지 않음	블루프린트 노코드 지원
플랫폼 지원	다양한 플랫폼 PC, 모바일, 콘솔, AR/VR	주로 PC, 콘솔, AR/VR
주요 활용 분야	게임, VR/AR, 시뮬레이션, 모바일 앱	대작 게임, 영화/애니메이션, 건축 시각화
렌더링 기술	HDRP, URP를 활용한 최적화 그래픽	고급 렌더링 기술 레이 트레이싱, 나나이트
물리 시뮬레이션	기본 제공, 확장 가능	실시간 고급 물리 시뮬레이션 지원

VR 개발 플랫폼인 유니티 Unity 와 언리얼 엔진 Unreal Engine 비교 표

언리얼 엔진 Unreal Engine 구동 화면

- **렌더링 기술:** 고품질의 그래픽 렌더링은 VR 몰입감을 좌우하는 중요한 요소이다. 실시간 레이 트레이싱 Ray Tracing, 쉐이더 프로그래밍 Shader Programming 등 첨단 렌더링 기술이 적용되어 현실감 있는 가상 환경을 구현한다. 언리얼 엔진 5 Unreal Engine 5의 나나이트 Nanite 기술은 수백만 개의 폴리곤을 실시간으로 렌더링하여 매우 세밀한 디테일을 구현할 수 있게 한다. 또한, 유니티의 고해상도 렌더 파이프라인 HDRP과 유니버설 렌더 파이프라인 URP은 사실적인 그래픽과 스타일라이즈드 그래픽 Stylized Graphics[5]을 모두 구현할 수 있는 강력한 렌더링 도구로, 다양한 플랫폼에서 최적화된 비주얼을 제작할 수 있도

5 스타일라이즈드 그래픽 Stylized Graphics : 현실적인 텍스처나 조명 효과를 사용하는 사실적인 그래픽과 달리 추상적이거나 예술적인 표현에 중점을 둔 그래픽

록 정교한 제어 기능을 제공한다.

- **인터랙션 프레임워크:** VR 소프트웨어는 사용자와 가상 환경 간의 상호작용을 지원하기 위해 다양한 인터랙션 프레임워크를 통합한다. 이는 동작 인식, 음성 명령, 하드웨어 컨트롤러 입력 등을 포함하며, 사용자에게 직관적이고 자연스러운 상호작용을 제공한다. 예를 들어, VRChat은 사용자들이 아바타를 통해 다양한 방식으로 상호작용할 수 있게 지원하여 소셜 VR 환경에서의 사용자 경험을 향상시킨다.

2.1.3 네트워크 및 데이터 인프라

AR과 VR의 성능과 사용자 경험은 네트워크 기술과 데이터 인프라의 발전에 크게 의존한다. 특히, 실시간 데이터 처리와 전송을 위한 고속의 인터넷 연결과 강력한 서버 인프라는 필수적이다. 주요 네트워크 및 데이터 인프라 구성 요소는 다음과 같다.

- **클라우드 컴퓨팅** Cloud Computing**:** 클라우드 기반의 렌더링과 데이터 처리 기술은 고사양의 AR/VR 콘텐츠를 스트리밍 방식으로 제공할 수 있게 한다. 이는 사용자 디바이스의 성능 부담을 줄이고, 더 복잡한 가상 환경을 구현할 수 있도록 한다. 예를 들어, 클라우드 VR 서비스

는 고성능 서버에서 VR 콘텐츠를 렌더링하고, 이를 실시간으로 사용자에게 스트리밍하여 고품질의 VR 경험을 제공한다. 클라우드 컴퓨팅은 또한 대규모 사용자 기반의 AR/VR 애플리케이션을 지원하는 데 중요한 역할을 한다.

- **5G 및 고속 인터넷**: 초저지연, 고대역폭의 5G 네트워크는 AR과 VR의 실시간 상호작용과 다중 사용자 경험을 지원한다. 이는 원격 협업, 소셜 VR, 실시간 스트리밍 콘텐츠의 발전을 촉진한다. 예를 들어, 5G를 활용한 VR 회의 시스템은 지연 없이 원활한 실시간 상호작용을 가능하게 하여, 전 세계의 팀원들이 가상공간에서 효과적으로 협업할 수 있게 한다.

- **엣지 컴퓨팅** Edge Computing: 엣지 컴퓨팅은 데이터 처리와 분석을 사용자 가까운 곳에서 수행하여, 실시간 반응성과 데이터 전송 지연을 최소화한다. 이는 AR과 VR 애플리케이션의 실시간 성능을 향상시키는 데 기여한다. 예를 들어, AR 기반의 실시간 번역 앱은 엣지 서버에서 즉각적으로 텍스트를 처리하여 사용자에게 실시간 번역을 제공한다. 또한 엣지 컴퓨팅은 데이터 보안과 프라이버시를 강화하는 데 중요한 역할을 한다.

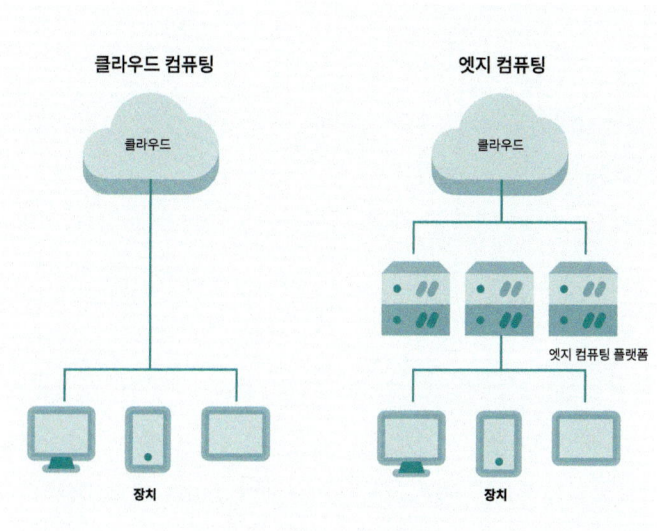

클라우드 컴퓨팅과 엣지 컴퓨팅 비교 이미지

2.2 하드웨어와 소프트웨어의 상호작용

AR과 VR 기술의 성공적인 구현은 하드웨어와 소프트웨어 간의 원활한 상호작용에 달려 있다. 하드웨어는 물리적 데이터를 수집하고, 사용자 입력을 처리하며, 디지털 콘텐츠를 시각적으로 표시하는 역할을 한다. 반면 소프트웨어는 이러한 하드웨어로부터 수집된 데이터를 분석하고, 디지털 콘텐츠를 생성하며, 사용자와의 상호작용을 관리한다. 이 두 요소가 긴밀히 통합될 때, 사용자에게 자연스럽고 몰입감 있는 경험을 제공할 수 있다.

AR에서의 하드웨어와 소프트웨어 상호작용

AR에서는 스마트 디바이스의 카메라와 센서가 현실 세계의 데이터를 수집하고, 소프트웨어는 이 데이터를 분석하여 디지털 객체를 정확히 배치한다. 예를 들어, ARKit과 ARCore는 환경 매핑과 모션 트래킹을 통해 사용자의 위치와 움직임을 실시간으로 추적하고, 이에 따라 디지털 객체가 자연스럽게 현실 세계에 겹쳐지도록 한다. 이러한 상호작용은 사용자에게 현실감 있는 AR 경험을 제공하며, 디지털 콘텐츠가 실제 환경과 조화롭게 통합되도록 한다.

물리적 상호작용	사용자가 스마트폰이나 AR 글래스를 통해 디지털 객체를 조작하거나, 터치스크린을 이용해 정보를 탐색하는 방식이다.
인지적 상호작용	증강된 정보를 통해 사용자가 현실 공간을 인식하고 반응하는 과정이다. 예를 들어, AR 내비게이션 시스템에서 실시간 안내 화살표를 보고 사용자가 경로를 따르는 방식이다.

환경적 상호작용	현실 세계의 요소와 디지털 콘텐츠가 조화를 이루며 사용자의 움직임에 반응하는 방식이다. 예를 들어, AR 쇼핑 애플리케이션에서는 사용자가 스마트폰 카메라를 이용해 가상의 가구를 실제 공간에 배치하고 시각적으로 확인할 수 있다.

AR에서의 상호작용 개념

VR에서의 하드웨어와 소프트웨어 상호작용

VR에서는 고해상도 VR 헤드셋과 모션 컨트롤러가 사용자 입력을 실시간으로 수집하고, 소프트웨어는 이를 분석하여 가상 환경 내에서의 상호작용을 관리한다. 예를 들어, 사용자가 VR 헤드셋을 통해 보는 가상 세계는 소프트웨어에 의해 실시간으로 렌더링되며, 사용자의 움직임에 따라 시야가 즉각적으로 변경된다. 이는 사용자에게 완전한 몰입감을 제공하며, 가상 환경에서의 자연스러운 상호작용을 가능하게 한다.

물리적 상호작용	사용자의 손 움직임이나 모션 컨트롤러를 통한 입력을 기반으로 가상 세계 내에서의 행동을 구현하는 방식이다. 예를 들어, VR 환경에서 물체를 집거나 조작하는 경험이 포함된다.

인지적 상호작용	사용자가 가상 환경에서 정보를 학습하고, 환경과의 관계를 인지하며 몰입하는 과정이다. 예를 들어, VR 기반 교육 시뮬레이션에서 사용자가 가상의 실험실에서 실험을 수행하는 방식이다.
사회적 상호작용	VR 내에서 사용자 간의 커뮤니케이션과 협업을 가능하게 하는 요소이다. 예를 들어, 소셜 VR 플랫폼에서는 아바타를 이용해 다른 사용자와 대화하고 협업할 수 있다.

VR에서의 상호작용 개념

　이러한 다양한 상호작용 개념들은 AR과 VR 환경에서 사용자 경험을 더욱 자연스럽고 몰입감 있게 만들어 주는 핵심 요소로 작용한다. 앞으로의 발전은 AI 기술과의 결합을 통해 더욱 직관적이고 현실적인 인터랙션을 가능하게 할 것으로 기대된다.

2.3 기술 발전 동향과 미래 전망

AR과 VR 기술은 빠르게 발전하고 있으며, 그 발전 방향은 다양한 요인에 의해 결정되고 있다. 현재의 기술 동향과 미래 전망을 종합적으로 분석하여, AR과 VR이 어떻게 발전할지에 대한 통찰을 제공하고자 한다.

2.3.1 현재의 기술 동향

- **경량화 및 휴대성 향상:** AR과 VR 디바이스는 점점 더 경량화되고 휴대성이 향상되고 있다. 이는 사용자들의 편의성을 높이고, 장시간 사용에 따른 피로도를 줄이는 데 중요한 역할을 한다. 예를 들어, Meta Quest 3와 같은 독립형 VR 헤드셋은 케이블 없이도 높은 성능을 제공하여 사용자들이 더욱 자유롭게 VR 환경을 탐험할 수 있게 한다. 또한, Apple Vision Pro는 공간 컴퓨팅 기능을 탑재하여, 사용자가 실생활에서 MR 혼합 현실을 보다 직관적으로 활용할 수 있도록 한다. 경량화와 휴대성 향상은 교육, 의료, 엔터테인먼트 등 다양한 분야에서의 활용도를 높이는 핵심 요소이다.

- **그래픽 품질 및 렌더링 기술의 발전:** 실시간 레이 트레이싱[6], 고해상도 디스플레이, 고주사율 패널 등의 기술 발전은 AR과 VR의 시각적 품질을 획기적으로 향상시키고 있다. 이는 사용자에게 더욱 현실감 있는 몰입형 경험을 제공한다. 예를 들어, 언리얼 엔진 5는 나나이트 기술을 통해 실시간으로 수백만 개의 폴리곤을 렌더링하여 매우 세밀한 디테일을 구현할 수 있다. 이러한 기술 발전은 VR 환경에서의 시각적 충실도를 높여 사용자에게 더욱 몰입감 있는 경험을 제공한다. 또한, 유니티의 HDRP High Definition Render Pipeline 와 URP Universal Render Pipeline 는 사실적인 그래픽과 스타일라이즈드 그래픽을 모두 구현할 수 있는 유연한 렌더 파이프라인을 제공하여, 다양한 플랫폼에서 최적화된 비주얼을 제작할 수 있게 한다. 이는 모바일부터 데스크톱, 하이엔드 콘솔에 이르기까지 다양한 디바이스에서 정교한 수준의 그래픽 제어를 가능하게 한다.

유니티의 HDRP와 URP

- **HDRP** High Definition Render Pipeline: 고품질 그래픽을 제공하는 유니티의 렌더링 파이프라인으로, 주로 고사양 PC, 콘솔, 고급 VR 환경에서 사실적인 조명, 반사, 그림자 효과를 구현하는 데 사용된다.

---

6   실시간 레이 트레이싱 Ray Tracing : 그래픽 렌더링 기술 중 하나로, 빛의 움직임을 실시간으로 시뮬레이션하여 사실적인 그림자, 반사, 굴절 효과를 구현하는 방식이다. 기존의 래스터라이제이션 Rendering 방식보다 높은 품질의 조명 효과를 제공하지만, 높은 연산 성능을 요구하므로 최신 GPU 및 하드웨어 가속이 필요하다.

- **URP** Universal Render Pipeline: 다양한 플랫폼 모바일, VR, PC, 콘솔 등에 최적화된 유니티의 경량 렌더링 파이프라인으로, 퍼포먼스를 중시하는 프로젝트에서 효율적인 렌더링을 가능하게 한다.

- **실시간 상호작용 및 다중 사용자 환경:** 클라우드 컴퓨팅과 5G 네트워크의 발전으로 실시간 상호작용과 다중 사용자 환경이 가능해졌다. 이는 원격 협업, 소셜 VR, 실시간 스트리밍 콘텐츠의 발전을 촉진하고 있다. 예를 들어, VRChat과 같은 소셜 VR 플랫폼은 전 세계 사용

자들이 실시간으로 상호작용할 수 있는 환경을 제공하며, 이는 가상 공간에서의 소셜 네트워킹과 협업을 가능하게 한다.

- **MR 기술의 부상:** MR은 AR과 VR의 장점을 결합하여, 현실과 가상이 융합된 경험을 제공한다. Apple Vision Pro, Magic Leap 2, Microsoft HoloLens 2와 같은 디바이스는 MR 기술을 대표하는 예로, 현실 세계에 디지털 홀로그램을 자연스럽게 통합한다. MR은 특히 산업 현장에서의 유지보수, 교육, 의료 시뮬레이션 등에서 혁신적인 응용 사례를 창출하고 있다.

2.3.2 미래의 기술 전망

- **AI와의 통합:** AI 기술의 발전은 AR과 VR 경험을 더욱 지능적이고 개인화된 방향으로 이끌고 있다. AI는 사용자 행동을 예측하고, 개인화된 콘텐츠를 생성하며, 실시간으로 디지털 정보를 처리하는 데 중요한 역할을 한다.

예를 들어, 구글의 스마트 글래스는 AI를 활용해 사용자의 음성을 인식하고 실시간으로 정보를 제공하며, 특정 사물을 바라볼 때 자동으로 관련 데이터를 띄워주는 기능을 지원한다. 또한, AI 기반의 가상 비서는 AR/VR 환경에서 사용자와 자연스럽게 상호작용하며, 맞춤형 정보를 제공할 수 있다.

의료 분야에서도 AI와 AR의 결합이 활발히 이루어지고 있다. AI가 의료 데이터를 분석한 후, AR을 활용해 수술 중 환자의 내부 장기 정보를 실시간으로 오버레이하는 기술이 활용되고 있으며, 의료 교육과 수술 시뮬레이션에도 적용되고 있다.

또한, 산업 분야에서는 AI가 AR 기술과 결합되어 작업자들의 생산성을 높이고 있다. AI는 AR 환경에서 기계의 이상 현상을 감지하고 작업자에게 실시간으로 경고를 제공하거나, 공장 내 효율적인 작업 경로를 안내하는 방식으로 활용된다.

이처럼 AI와 AR/VR의 융합은 단순한 정보 제공을 넘어, 사용자의 맥락을 이해하고, 더 자연스럽고 직관적인 경험을 제공하는 방향으로 발전하고 있다. 앞으로 AI의 심화 학습 및 강화 학습이 고도화되면서, AR/VR과의 결합은 더욱 정교해지고 몰입감 있는 인터랙션을 가능하게 할 것이다.

- **트래킹 및 센서 기술의 발전:** 더 정밀한 위치 추적, 생체 신호 모니터링, 환경 인식 기술의 발전은 AR과 VR의 상호작용성을 극대화할 것이다. 이는 더욱 자연스럽고 직관적인 사용자 경험을 제공하며, 다양한 산업에서의 응용 가능성을 확대시킬 것이다. 예를 들어, 고정밀 센서와 생체 신호 모니터링 기술을 통해 사용자의 감정 상태를 실시간으로 파악하고, 이에 맞는 AR/VR 콘텐츠를 제공할 수 있게 될 것이다.

- **혼합 현실과 다중 센서 융합:** 다양한 현실 기술의 융합을 통해, 사용자는 더욱 다채롭고 복합적인 현실 경험을 할 수 있게 될 것이다. AR과 VR이 결합된 혼합 현실 시스템은 사용자에게 다양한 방식으로 현실과 가상을 통합한 경험을 제공할 것이다. 다중 센서 융합 기술은 사용자의 움직임, 생체 신호, 환경 데이터를 통합하여 더욱 정교한 상호작용을 가능하게 하며, 이는 사용자들에게 더욱 자연스럽고 직관적인 인터페이스를 제공할 것이다.

- **개인화된 몰입형 경험:** 사용자의 선호도, 행동 패턴, 생체 정보 등을 기반으로 한 개인화된 몰입형 경험이 가능해질 것이다. 이는 교육, 헬스케어, 엔터테인먼트 등 다양한 분야에서 맞춤형 솔루션을 제공할 수 있게 한다. 예를 들어, 교육 분야에서는 학생의 학습 스타일과 수준에 맞춘 맞춤형 AR/VR 학습 환경을 제공할 수 있으며, 헬스케어 분야에서는 개인의 건강 상태와 필요에 맞춘 맞춤형 운동 프로그램이나 치료 시뮬레이션을 제공할 수 있다.

- **엣지 컴퓨팅과 클라우드 기반 AR/VR:** 엣지 컴퓨팅과 클라우드 인프라의 발전은 AR과 VR 콘텐츠의 실시간 처리와 전송을 더욱 효율적으로 만들 것이다. 이는 대규모 사용자 기반의 실시간 상호작용과 고품질 콘텐츠 제공을 가능하게 하며, 사용자 디바이스의 성능 부담을 줄이는 동시에 높은 수준의 몰입감을 유지할 수 있게 한다. 예를 들어,

클라우드 기반 VR 게임은 사용자 디바이스의 성능 부담을 줄이고, 고품질의 그래픽과 안정적인 성능을 제공한다.

- **지속 가능한 AR/VR 기술 개발:** 친환경적인 소재 사용, 에너지 효율적인 설계, 재활용 가능한 디바이스 개발 등 지속 가능한 AR과 VR 기술 개발이 중요한 과제로 부상하고 있다. 이는 환경 영향을 최소화하면서도 고성능의 몰입형 경험을 제공하는 방향으로 기술이 발전할 것이다. 예를 들어, 재활용 가능한 소재로 제작된 VR 헤드셋은 환경 친화적인 제품으로 주목받고 있으며, 에너지 효율적인 설계를 통해 전력 소모를 줄이고 있다. 또한, 지속 가능한 제조 공정을 도입하여 AR/VR 디바이스의 환경 영향을 최소화하려는 노력이 계속되고 있다.

AR과 VR 기술의 발전은 다양한 산업과 분야에서의 응용 가능성을 확대시키고 있다. 현재의 기술 동향을 바탕으로, 미래에는 AI와의 통합, 트래킹 및 센서 기술의 발전, 하이브리드 현실과 다중 센서의 융합, 개인화된 몰입형 경험 등 다양한 혁신이 이루어질 것으로 전망된다. 이러한 기술 발전은 사용자에게 더욱 자연스럽고 몰입감 있는 경험을 제공하며, 인터랙티브 미디어 디자인의 새로운 패러다임을 제시할 것으로 예상된다.

3장

몰입형 사용자 경험 설계 원칙

3장 | 몰입형 사용자 경험 설계 원칙

3.1 몰입형 경험이란?

몰입형 경험Immersive Experience이란 사용자가 현실과 디지털 환경의 경계를 허물고 가상의 세계에 완전히 빠져들도록 하는 경험을 의미한다. 이는 AR증강현실과 VR가상현실 기술을 활용하여 사용자에게 높은 수준의 현실감을 제공하는 것을 목표로 한다. 몰입형 경험은 단순한 시각적 자극을 넘어, 청각적, 촉각적, 공간적 요소까지 포함하여 사용자가 환경과 상호작용하도록 유도한다. 이러한 경험이 성공적으로 설계되면 사용자들은 시간 감각을 잊고 더욱 능동적으로 시스템과 소통하게 된다.

AR/VR 기술이 발전하면서 다양한 분야에서 몰입형 경험의 중요성이 커지고 있다. 교육, 의료, 엔터테인먼트, 산업 현장 등에서 AR/VR을 활용하면 사용자의 참여도를 높이고,

정보 전달을 더욱 효과적으로 수행할 수 있다.

- **교육 분야:** 몰입형 학습을 통해 직관적이고 효과적인 학습 경험 제공
- **의료 분야:** 가상 수술 시뮬레이션을 통한 의료진 훈련 및 치료 지원
- **게임 및 엔터테인먼트:** 더욱 실감 나는 인터랙티브 환경 제공
- **산업 현장:** AR을 활용한 유지보수, 설계 시뮬레이션 등에서 활용

이처럼 AR/VR은 몰입형 경험을 통해 사용자의 학습 능력을 향상시키고, 복잡한 정보를 보다 쉽게 전달하며, 직관적인 상호작용을 가능하게 한다. 이러한 경험이 효과적으로 설계될 경우, 사용자는 더욱 자연스럽고 능동적으로 AR/VR 시스템과 소통하게 된다.

3.2 AR/VR에서 몰입의 중요성

AR/VR 기술이 발전하면서 다양한 분야에서 몰입형 경험의 중요성이 커지고 있다. 교육, 의료, 엔터테인먼트, 산업 현장 등에서 AR/VR을 활용하면 사용자의 참여도를 높이고, 정보 전달을 더욱 효과적으로 수행할 수 있다.

- **교육 분야:** 몰입형 학습을 통해 직관적이고 효과적인 학습 경험 제공
- **의료 분야:** 가상 수술 시뮬레이션을 통한 의료진 훈련 및 치료 지원
- **게임 및 엔터테인먼트:** 더욱 실감 나는 인터랙티브 환경 제공
- **산업 현장:** AR을 활용한 유지보수, 설계 시뮬레이션 등에서 활용

이처럼 AR/VR은 몰입형 경험을 통해 사용자의 학습 능력을 향상시키고, 복잡한 정보를 보다 쉽게 전달하며, 직관적인 상호작용을 가능하게 한다. 이러한 경험이 효과적으로 설계될 경우, 사용자는 더욱 자연스럽고 능동적으로 AR/VR 시스템과 소통하게 된다.

3.3 몰입의 심리학적 기초

몰입 Immersion 은 사용자가 물리적 현실을 잊고 디지털 또는 가상 환경에 완전히 빠져들게 만드는 경험을 의미한다. 미하이 칙센트미하이 Mihaly Csikszentmihalyi 의 플로우 Flow 이론에 따르면, 사용자가 도전과 능력 사이에서 적절한 균형을 느낄 때 최적의 몰입 상태가 발생한다. 이것은 사용자의 집중력과 흥미를 유지하는 데 중요한 요소로, 이 상태에 있는 사용자

는 시간의 흐름을 잊고 콘텐츠에 깊이 몰두하게 된다. 이를 AR/VR 경험 설계에 적용하면 사용자 경험을 더욱 깊고 직관적으로 만들 수 있다.

몰입형 경험을 설계할 때는 감각적 몰입, 인지적 몰입, 행동적 몰입의 세 가지 측면을 고려해야 한다.

- **감각적 몰입** Sensory Immersion : 시각, 청각, 촉각적 요소를 통해 사용자가 현실과 가상의 경계를 느끼지 않도록 설계
- **인지적 몰입** Cognitive Immersion : 스토리텔링, 도전과 보상의 균형 등을 활용하여 사용자가 가상 환경에 몰두하도록 유도
- **행동적 몰입** Behavioral Immersion : 자연스러운 사용자 인터랙션과 피드백 시스템을 통해 가상 환경 내 행동을 직관적으로 반영

미하이 칙센트미하이의 플로우 이론을 나타낸 그래프

3.3.1 감각적 몰입 Sensory Immersion

AR과 VR의 몰입형 사용자 경험 설계에서 감각적 몰입은 중요한 요소이다. 두 기술 모두 사용자의 감각을 자극하여 현실과 가상 간의 구분을 모호하게 만드는 것이 목표이며 이는 다음 원칙을 바탕으로 설계된다.

실감 나는 시각적 요소 제공	AR과 VR 모두 사용자가 가상 환경에 몰입할 수 있도록 고해상도 디스플레이, 입체 음향, 그리고 가상 환경의 일관성에 중점을 둔다. 예를 들어, VR 헤드셋의 고해상도 디스플레이는 현실 세계와의 차이를 최소화하기 위해 자연스러운 조명과 텍스처를 구현하며, AR은 현실 세계에 디지털 정보가 자연스럽게 융합될 수 있도록 시각적 정확성을 보장해야 한다.
멀티센서리 피드백	두 기술에서 공통적으로 **촉각, 청각, 시각적 자극**을 복합적으로 제공하는 것이 몰입감을 높이는 데 중요하다. VR은 햅틱 장치나 3D 음향 시스템을 통해 촉각과 청각을 강화하며, AR은 실제 환경에서의 시각적 피드백과 함께 증강된 정보가 일치하는 방식으로 동작해야 한다.
자연스러운 현실감 제공	현실 세계와 가상 세계의 매끄러운 전환은 몰입감을 유지하는 중요한 요소이다. 특히, AR과 VR에서 사용자에게 **시간 지연 없는 반응**과 **즉각적인 피드백**을 제공해야 몰입도가 떨어지지 않는다.

3.3.2 인지적 몰입 Cognitive Immersion

인지적 몰입은 사용자가 가상 세계의 정보나 내러티브에 얼마나 몰두하는지를 결정하는 중요한 요소이다. AR과 VR 모두에서 인지적 몰입은 사용자에게 지적 자극을 제공하고, 현실의 제약을 넘어 가상 세계에 대한 몰입을 유도한다.

플로우 상태 유도	미하이 칙센트미하이의 플로우 이론을 통해 설명되는 몰입 상태는 AR과 VR 모두에서 사용자 경험을 설계할 때 중요한 요소이다. 사용자가 도전과 능력 사이에서 적절한 균형을 느낄 때 몰입 상태가 최적화된다. **VR 게임**: 적절한 난이도 조절과 보상 체계를 통해 사용자 집중도를 유지 **AR 애플리케이션**: 사용자에게 현실 환경과 적절하게 상호작용할 수 있는 수준의 정보를 제공해 몰입감을 유도
스토리텔링과 내러티브	사용자 경험 설계에서 스토리의 일관성과 몰입감을 유지하는 것이 중요하다. **VR**: 완전한 가상 세계 안에서 서사를 통해 사용자를 몰입시킨다. **AR**: 현실 세계에서 추가적인 정보를 제공하는 방식으로 스토리텔링을 구성. 두 기술 모두 서사 구조가 사용자의 관심을 유지하고 그들의 행동에 직접적인 피드백을 줄 수 있어야 한다.

3.3.3 행동적 몰입 Behavioral Immersion

행동적 몰입은 사용자가 가상 환경과 실제로 상호작용하는 방식에 초점을 맞추며, 사용자의 물리적 활동을 가상 세계에 일관되게 반영하는 것이 설계의 핵심이다.

자연스러운 상호작용	AR과 VR 모두에서 사용자의 움직임이나 행동을 가상 환경에 일관되게 반영해야 한다. **모션 트래킹** 기술과 **제스처 인식** 기술을 활용해 사용자가 가상 세계에서 물체를 잡거나 조작하는 행동을 자연스럽게 수행할 수 있게 해한다. **VR 예시**: 손의 움직임을 추적하여 가상 객체와 상호작용을 지원 **AR 예시**: 사용자가 현실 세계의 물체를 실제로 조작하는 동시에 가상 정보와 상호작용할 수 있도록 지원
즉각적인 피드백 제공	사용자가 수행한 행동에 즉각적이고 직관적인 피드백을 제공하는 것이 중요하다. 사용자가 AR에서 실제로 물체를 움직일 때나 VR에서 가상 환경을 탐험할 때, 그들의 행동에 대한 반응이 지연되지 않고 실시간으로 제공되어야 한다.

이 세 가지 몰입 요소는 함께 작용하여 사용자가 AR 또는 VR 경험에서 강한 몰입감을 느끼게 만든다. 이를 통해 사용자는 가상의 세계에서 현실 세계와 유사한 감각적, 정서적

경험을 하게 되며, 이 몰입감이 높을수록 사용자의 경험은 더욱 깊고 기억에 남는 경험으로 자리 잡는다.

3.3.4 몰입 이론의 핵심 요소와 AR/VR 설계 적용

AR/VR 환경에서 몰입을 유도하려면 몰입 이론의 주요 요소를 반영한 설계가 필요하다. 다음은 몰입 경험을 극대화하기 위해 고려해야 할 요소들이다.

- **명확한 목표** Clarity of Goals : AR/VR 시스템 내에서 사용자에게 명확한 목표와 진행 상태를 제공하며, 시스템의 목적성을 직관적으로 이해할 수 있도록 설계
- **즉각적인 피드백** Immediate Feedback : 사용자 인터랙션에 대한 즉각적인 시각적, 청각적, 촉각적 피드백을 제공하여 몰입감을 유지
- **기술과 도전의 균형** Balance Between Challenge and Skill : 적절한 난이도 조정 및 개인화된 경험 제공을 통해 사용자가 도전에 압도되지 않으면서도 흥미를 지속할 수 있도록 조정
- **자기 의식의 소멸** Loss of Self-Consciousness : 사용자가 몰입할 수 있도록 UI 요소 최소화하고, 직관적인 내비게이션 및 인터랙션을 제공

- **시간 감각의 왜곡**Transformation of Time : 사용자가 집중할 수 있도록 자연스러운 흐름을 설계하고, 몰입도가 높은 환경에서는 시간을 단축 혹은 확장하는 심리적 효과를 고려한 연출 적용

이러한 원칙을 AR/VR 환경에 적용하면 사용자가 더욱 몰입할 수 있는 경험을 제공할 수 있다. 특히, AR과 VR 환경은 몰입의 감각적, 인지적, 행동적 측면을 강화하는 데 탁월한 효과를 발휘하며, 사용자의 능동적인 상호작용을 촉진할 수 있도록 설계되어야 한다.

3.4 사용자 참여와 상호작용 디자인

AR과 VR에서의 사용자 경험 UX 은 단순히 몰입감에만 의존하지 않는다. 기술적인 몰입감이 제공된다고 해서 그것이 사용자의 적극적인 참여와 만족감을 보장하지는 않는다. UX 설계에서는 사용자 참여 Engagement 와 상호작용 디자인 Interaction Design 이 핵심적인 역할을 한다. 몰입형 경험을 설계할 때는 사용자가 어떻게 기술과 상호작용하고 그 과정에서 어떤 감정을 느끼는지가 매우 중요하다.

사용자 참여는 능동적 참여 Active Participation 와 수동적 참여 Passive Participation 로 나눌 수 있다. 능동적 참여는 사용자가 적극적으로 콘텐츠와 상호작용하고, 스토리라인을 직접 이끌어가는 경험을 의미한다. VR 게임이나 시뮬레이션은 대표적인 능동적 참여의 사례이다. 반면에 수동적 참여는 사용자가 콘텐츠를 감상하거나 관찰하는 방식으로, AR을 통한 정보 시각화나 VR을 통한 가상 여행 등이 그 예가 될 수 있다.

사용자 참여의 종류	의미
능동적 참여 Active Participation	능동적 참여는 사용자가 적극적으로 콘텐츠와 상호작용하고, 스토리라인을 직접 이끌어가는 경험을 의미함
수동적 참여 Passive Participation	참여는 사용자가 콘텐츠를 감상하거나 관찰하는 방식을 의미함
개인화 Personalization	AR/VR 콘텐츠가 사용자의 취향이나 행동 패턴에 따라 동적으로 변화하거나 사용자에게 맞춤형 정보를 제공할 때, 사용자는 더 높은 몰입도와 참여감을 느낄 수 있음

사용자 참여 방식의 종류

사용자 참여를 높이기 위한 상호작용 디자인의 핵심은 직관성과 사용성이다. 인터페이스는 사용자가 최소한의 학습을 통해 쉽게 접근하고 사용할 수 있어야 하며, 동작 인식, 음성 명령, 모션 컨트롤러와 같은 입력 방식을 고려해야 한다. 사용자가 인터페이스를 사용하는 과정에서 피드백을 즉각적으로 제공하는 것도 매우 중요하다. 예를 들어, VR 환경에서 사용자가 특정 객체를 선택할 때 진동 피드백이나 시각적 피드백을 제공함으로써 사용자가 자신의 행동이 시스템에 의해 인식되었음을 알 수 있다.

또한, 개인화Personalization도 중요한 요소이다. AR/VR 콘텐츠가 사용자의 취향이나 행동 패턴에 따라 동적으로 변화하거나 사용자에게 맞춤형 정보를 제공할 때, 사용자는 더 높은 몰입도와 참여감을 느낄 수 있다. 예를 들어, AI와 통합된 AR 시스템은 사용자의 위치, 관심사, 행동 데이터를 분석하여 적절한 정보를 실시간으로 제공할 수 있다.

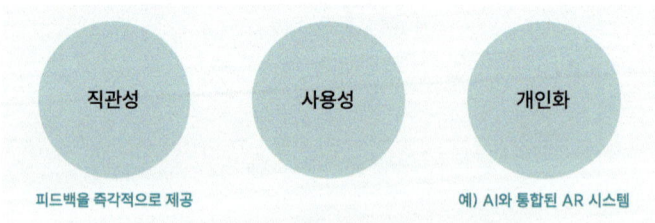

사용자 참여를 높이기 위한 상호작용 디자인의 핵심 요소

3.5 경험 지속성과 사용자 피로도 관리

몰입형 경험을 설계할 때 가장 중요한 고려 사항 중 하나는 **사용자의 경험 지속성**과 **피로도 관리**이다. AR과 VR에서 장시간 몰입 상태를 유지하는 것은 사용자에게 즐거움을 줄 수 있지만, 그 과정에서 발생하는 피로도는 사용자 경험을 저해할 수 있다.

사용자 피로도는 주로 시각적 피로도, 움직임 피로도, 정신적 피로도로 나뉜다. VR 헤드셋을 장시간 착용하면 시각적으로 불편함을 느낄 수 있으며, 특히 프레임 레이트가 낮거나 디스플레이 해상도가 낮을 경우 이러한 문제가 더 두드러진다. 모션 트래킹이나 동작 인식을 사용한 AR/VR 경험에서는 사용자에게 반복적인 동작을 요구할 경우 신체적 피로가 누적될 수 있다. 또한, 복잡한 인터페이스나 지나치게 많은 정보 처리는 정신적 피로를 가중시킬 수 있다.

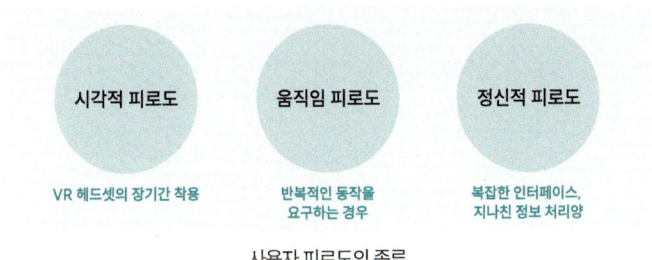

사용자 피로도의 종류

이를 방지하기 위해, 몰입형 경험 설계에서는 사용자의 피로도를 줄이기 위한 다양한 전략이 필요하다.

첫째, 시각적 피로를 줄이기 위해 고주사율 디스플레이^{최소 90Hz 이상}를 사용하고, 부드러운 모션 렌더링을 통해 시각적으로 편안한 환경을 제공해야 한다. 또한, 고해상도 디스플레이와 높은 화질의 그래픽을 통해 화면의 왜곡을 최소화해야 한다.

둘째, 움직임 피로를 줄이기 위해 사용자가 불필요한 동작을 최소화하도록 설계하고, 동작 인식이나 모션 트래킹과 같은 상호작용이 자연스럽고 부드럽게 이루어지도록 해야 한다.

셋째, 정신적 피로를 줄이기 위해서는 사용자에게 과도한 정보나 복잡한 UI를 제공하지 않도록 설계하는 것이 중요하다. 정보를 단계적으로 제공하고, 사용자가 쉽게 정보를 처리할 수 있도록 적절한 시각적 계층 구조를 도입해야 한다. 또한, 사용자에게 자주 휴식 시간을 권장하거나, 자동으로 경험을 중단하여 사용자의 피로도를 관리하는 기능도 유용하다.

경험 지속성을 유지하기 위해서는 피로도를 최소화하는 동시에 사용자의 몰입을 유지할 수 있는 요소들을 균형 있게 배치해야 한다. 예를 들어, AR/VR 시스템에서 몰입을 방해하지 않으면서도 자연스럽게 휴식을 유도하는 메커니즘을 도입하는 것이 효과적이다. AI를 활용하여 사용자의 몰입 수

준과 피로도를 실시간으로 분석하고, 이에 맞춰 콘텐츠의 속도를 조정하거나 휴식 메시지를 제공하는 방식도 고려할 수 있다.

결국, AR과 VR 경험에서 몰입감을 유지하는 것만큼이나 중요한 것은 사용자에게 편안하고 즐거운 경험을 제공하는 것이다. 사용자 피로도를 잘 관리할 수 있는 설계는 장기적인 몰입과 참여를 가능하게 하며, 이는 AR/VR 기술이 성공적으로 자리 잡는 데 중요한 역할을 한다.

4장

**AR 기반
인터랙티브
디자인**

4장 | AR 기반 인터랙티브 디자인

4.1 AR 디자인의 이론적 기반

　AR 인터랙티브 디자인은 현실 세계와 디지털 정보를 통합하여 사용자에게 새로운 경험을 제공하는 데 중점을 둔다. AR 디자인의 이론적 기반은 주로 인간-컴퓨터 상호작용[HCI7] 이론, 사용자 경험[UX] 디자인 원칙, 인지심리학, 그리고 MR 이론에 기반을 두고 있다. 이 장에서는 AR 디자인의 핵심 이론들을 보다 구체적으로 살펴보고, 이를 통해 효과적인 AR 인터랙티브 디자인을 구현하는 방법을 논의한다.

7　Human-Computer Interaction의 약자

4.1.1 AR에서의 인간-컴퓨터 상호작용[HCI] 이론

인간-컴퓨터 상호작용[HCI]은 사용자가 컴퓨터 시스템과 어떻게 상호작용하는지를 연구하는 학문 분야로, AR 인터랙티브 디자인의 기초를 이룬다. HCI 이론은 사용자의 요구와 기대를 이해하고, 이를 바탕으로 직관적이고 사용하기 쉬운 인터페이스를 설계하는 데 중요한 역할을 한다. 특히, AR에서는 현실 세계와 디지털 정보를 자연스럽게 결합해야 하므로, HCI 이론은 다음과 같은 세부 이론들을 통해 AR 디자인을 가이드한다.

인간 컴퓨터 상호작용 이론

- **사용성**[Usability] **이론:** 사용성이 높은 인터페이스는 사용자가 목적을 효율적으로 달성할 수 있도록 돕는다. 제이콥 닐슨[Jakob Nielsen]의 '10가지 사용자 휴리스틱 원칙'은 AR 인터페이스 설계 시 참고할 만한 중요한 지침을 제공한다. 예를 들어, 일관성 유지, 사용자 제어 제공, 오류 방지 등이 AR 애플리케이션에서의 사용성을 향상시킬 수 있다.

제이콥 닐슨의 10가지 사용자 휴리스틱 원칙[8]

8 출처: NNGroup 홈페이지

제이콥 닐슨의 10가지 사용자 휴리스틱 원칙

1. 시스템 상태의 가시성 Visibility of System Status

디자인은 사용자가 현재 시스템에서 무슨 일이 벌어지고 있는지를 항상 알 수 있도록 적절한 피드백을 적시에 제공해야 한다. 사용자가 현재 시스템의 상태를 알면, 이전 상호작용의 결과를 이해하고 다음 단계를 결정할 수 있습니다. 예측 가능한 인터페이스는 제품 및 브랜드에 대한 신뢰를 형성하는 중요한 요소이다.

TIP
- 시스템의 상태를 명확하게 사용자에게 전달. 사용자의 행동에 영향을 미치는 작업이 있다면 반드시 사전에 정보를 제공.
- 가능한 한 빠르게 피드백을 제공. 이상적으로는 즉시 반응하는 것이 좋다.
- 지속적이고 개방적인 커뮤니케이션을 통해 신뢰를 구축.

2. 시스템과 실제 세계의 일치 Match Between the System and the Real World

디자인은 사용자가 익숙한 언어, 단어, 개념을 사용해야 하며 전문 용어 jargon 사용을 지양한다. 또한 현실 세계에서 사용하는 방식과 일치하는 정보 배치와 흐름을 유지해야 한다. 디자인하는 방식은 특정 사용자의 특성에 따라 달라질 수 있다. 개발자한테 익숙한 용어나 개념이 일반 사용자에게는 생소하거나 혼란스러울 수 있다는 점을 염두에 두어야 한다.

인터페이스의 조작 방법이 현실 세계의 관습과 일치하고 기대하는 결과에 부합하면 ^{자연스러운 매핑}, 사용자는 시스템을 더욱 쉽게 배우고 기억할 수 있다. 이를 통해 직관적인 사용자 경험을 구축할 수 있다.

TIP
- 사용자가 단어의 정의를 찾아 보지 않아도 의미를 이해할 수 있도록 해야 함.
- 본인이 이해하는 개념이 사용자도 동일하게 이해할 것이라고 가정하지 않는다.
- 사용자 조사를 통해 그들이 익숙한 용어와 개념, 그리고 관련된 멘탈 모델을 파악.

3. 사용자 제어와 자유 User Control and Freedom

사용자는 종종 실수를 한다. 따라서 분명하게 표시된 "긴급 탈출구^{emergency exit}"가 필요하다. 이를 통해 사용자가 원치 않는 행동에서 쉽게 벗어날 수 있어야 한다.

사용자가 쉽게 실행을 취소하거나 작업을 되돌릴 수 있다면 시스템을 더 자유롭게 사용할 수 있으며, 불필요한 좌절감을 느끼지 않을 것이다.

TIP
- 실행 취소^{Undo} 및 다시 실행^{Redo} 기능을 제공.
- 현재 상호작용에서 빠져나올 수 있는 명확한 버튼^{예: 취소 버튼}을 제공.
- 되돌아가는 경로를 명확하게 표시하고 쉽게 찾을 수 있게 한다.

4. 일관성과 표준 준수 Consistency and Standards

서비스는 플랫폼 및 업계의 표준을 따름으로써 사용자가 각기 다른 용어, 상황, 행동이 동일한 의미를 가지는지 고민하지 않게 해야 한다.

제이콥의 법칙 Jakob's Law 에 따르면, 사용자는 대부분 우리의 제품이 아닌 다른 디지털 제품을 더 많이 사용한다는 것을 염두에 둬야 한다. 따라서 다른 제품에서 익숙한 패턴이 유지될 때 사용자 경험이 개선될 수 있다. 일관성이 부족하면 사용자의 인지적 부담이 증가하고 새로운 것을 배워야 하는 부담이 생긴다.

TIP
- 내부 및 외부 일관성을 유지하여 사용자의 학습 효율성을 높이자.
  단일 제품 또는 제품군 내에서 일관된 디자인을 유지하자 내부 일관성.
  업계에서 일반적으로 사용하는 관례를 따르자 외부 일관성.

5. 오류 방지 Error Prevention

좋은 오류 메시지는 중요하지만, 가장 좋은 디자인은 처음부터 오류가 발생하지 않도록 예방하는 것이다.

대표적인 오류에는 두 가지 유형이 있다.

1) 슬립 Slip : 주의 부족으로 인해 발생하는 무의식적인 실수.

2) 실수 Mistake : 사용자의 정신 모델과 디자인 간의 불일치로 인해 발생하는 의식적인 오류.

TIP
- 가장 비용이 높은 오류를 먼저 방지한 후, 작은 불편함 해결.
- 슬립을 방지하기 위해 유용한 제한 요소 및 기본값 제공.
- 실수를 방지하기 위해 메모리 부담을 줄이고 실행 취소 기능을 지원하며 경고 시스템 구축.

6. 기억이 아닌 인식 Recognition Rather than Recall

사용자의 기억 부담을 최소화하기 위해 요소, 동작, 옵션을 쉽게 인식할 수 있도록 설계해야 한다.

사람의 단기 기억 용량은 제한적이다. 따라서 사용자가 이전에 본 정보를 기억해야 하는 대신, 인터페이스 내에서 즉시 확인할 수 있도록 해야 한다. 예를 들어, 입력 필드의 라벨은 사라지지 않고 항상 표시되어야 하며, 사용자가 메뉴를 탐색할 때 필요한 정보가 직관적으로 제공되어야 한다.

TIP
- 사용자가 정보를 기억해야 하는 부담을 줄이고 인터페이스 내에서 즉시 인식할 수 있도록 제작.
- 사용자가 긴 튜토리얼을 기억하게 하는 대신, 컨텍스트 Context [9] 안에서 도움말 제공.
- 사용자가 기억해야 하는 정보를 최소화.

9   컨텍스트 Context 란, 사용자가 제품이나 서비스와 상호작용하는 특정한 상황과 환경을 의미한다. 이는 사용자의 목적, 현재 상태, 사용 기기, 물리적 환경, 감정적 상태 등을 포함할 수 있다.

7. 유연성과 효율성 Flexibility and Efficiency of Use

디자인은 초보자와 전문가 모두를 수용할 수 있도록 자연스러워야 한다.

경험이 많은 사용자는 키보드 단축키와 같은 숏컷 Shortcut[10]을 활용하여 더욱 빠르게 작업할 수 있어야 하며, 초보 사용자는 기본적인 기능을 쉽게 익힐 수 있어야 한다. 예를 들어, 소프트웨어에서는 마우스를 이용한 기본 조작과 함께 키보드 단축키를 지원하여 작업 속도를 높일 수 있다.

TIP
- 키보드 단축키 및 터치 제스처 동시 제공.
- 사용자의 행동 패턴을 반영한 맞춤형 기능을 제공.
- 사용자가 원하는 방식으로 제품을 설정할 수 있도록 커스터마이징 옵션 제공.

8. 심미적이고 미니멀한 디자인 Aesthetic and Minimalist Design

인터페이스는 불필요한 정보를 포함하지 않아야 하며, 핵심 요소에 집중해야 한다. 필요하지 않은 정보는 사용자의 주의를 분산시키고 중요한 정보를 놓치게 할 수 있다. 심미적 디자인은 단순한 '플랫 디자인'을 의미하는 것이 아니라, 사용자의 주요 목표를 지원하는 시각적 요소를 갖추는 것이다.

---

[10] Shortcut 단축키이란, 사용자의 작업 속도를 높이기 위해 제공되는 빠른 접근 방식을 의미한다. 이는 반복적인 작업을 줄이고, 숙련된 사용자가 더욱 효율적으로 시스템을 사용할 수 있도록 돕는 기능이다.

TIP
- UI 디자인의 콘텐츠와 비주얼 요소를 핵심 요소에 집중.
- 불필요한 요소가 사용자 경험을 방해하지 않도록 한다.
- 사용자의 주요 목표를 지원하는 콘텐츠 및 기능을 우선적으로 배치.

9. 오류 인식, 진단 및 복구 Recognize, Diagnose, and Recover from Errors

오류 메시지는 명확한 언어 오류 코드 없이 로 표현되어야 하며, 문제를 정확히 나타내고 해결 방법을 제공해야 한다. 또한, 오류 메시지는 사용자가 쉽게 알아볼 수 있도록 시각적 요소를 포함해야 한다.

TIP
- 오류 메시지는 굵은 빨간색 텍스트 등 눈에 띄는 형식으로 제공.
- 기술적 용어를 피하고, 사용자가 쉽게 이해할 수 있도록 설명.
- 즉시 해결 가능한 해결책을 제공.

10. 도움말 및 문서화 Help and Documentation

이상적으로는 시스템이 추가 설명 없이도 사용 가능해야 하지만, 필요할 경우 문서를 제공해야 한다. 도움말과 문서는 검색이 용이해야 하며, 사용자의 작업에 초점을 맞추고, 짧고 명확한 단계로 구성되어야 한다.

TIP
- 도움말 문서는 검색이 쉽고 사용자의 작업에 초점을 맞춰야 함.
- 사용자가 필요한 순간에 문서를 바로 제공.
- 수행해야 할 단계를 구체적으로 나열.

- **인지 부하**Cognitive Load **이론:** 존 스웰러John Sweller[11]의 인지 부하 이론은 사용자가 정보를 처리하는 데 필요한 정신적 자원을 최소화하여 더 나은 학습과 사용 경험을 제공하는 데 중점을 둔다. 사용자에서 부여된 과제가 과도한 인지 부하를 초래하면 서비스에 대한 학습 효과가 저하될 수 있다는 것을 강조한다. 따라서, 인터페이스를 설계할 때 이러한 인지 부하를 최소화하는 것이 중요하다. 증강 현실Augmented Reality, AR 인터페이스는 현실 세계에 가상 정보를 겹쳐 보여 줌으로써 사용자 경험을 향상시키는 기술이다. 그러나 이러한 기술이 잘못 설계되면 오히려 사용자의 인지 부하를 증가시킬 수 있다. 따라서 AR 인터페이스를 설계할 때는 복잡한 정보를 단순화하고, 시각적 계층 구조를 통해 사용자의 인지 부하를 줄이는 방향으로 설계해야 한다.

실제로, AR 기술을 활용하여 인지 부하를 최소화한 사례들이 있다. 예를 들어, 한 연구에서는 AR 기반 헤드업 디스플레이AR-HUD의 화살표 간격과 깜빡임 속도가 운전자의 시지각, 인지 및 주행 속도에 미치는 영향을 조사하였다. 그 결과, 화살표의 간격과 속도를 조절함으로써 운전자의 인지적 부담을 줄이고 안전한 운전 행동을 유도할 수 있다는 결론을 도출하였다.[12]

11 존 스웰러John Sweller는 호주 출신의 인지심리학자Cognitive Psychologist로, 인지 부하 이론Cognitive Load Theory, CLT을 제안한 학자로 유명하다.
12 장가현, 이연준. 2023. *Augmented Reality*AR 정보전달 방식의 *Head Up Display*HUD 내 화살표 간격과 깜빡임 속도 차이가 운전자의 시지각 및 인지작용에 미치는 영향. 디자인학연구, 36(1), 75-92. https://aodr.org/xml/39675/39675.pdf

이러한 사례들은 AR 기술이 적절하게 설계되고 활용될 경우, 사용자의 인지 부하를 줄이고 학습 및 작업 효율성을 향상시킬 수 있음을 보여 준다. 따라서 AR 인터페이스를 설계할 때는 사용자의 인지 부하를 고려하여 정보의 복잡성을 조절하고, 시각적 요소를 체계적으로 구성하는 것이 중요하다.

■ **상황 인식 모델**Situation Awareness：미카 엔즐리Mica Endsley[13]의 상황 인식 모델Situation Awareness Model은 사용자가 환경을 이해하고, 예측하며, 이에 따라 적절히 대응할 수 있는 능력을 강조한다. 인간이 복잡한 환경에서 효과적으로 행동하기 위해서는 단순한 정보 수집을 넘어, 이를 해석하고 미래를 예측하는 과정이 필수적이다. 이러한 개념은 항공, 군사, 의료, 자동차, 증강 현실AR 인터페이스 설계 등 다양한 분야에서 핵심적인 역할을 한다.

엔즐리는 상황 인식을 세 가지 수준Levels으로 구성된 모델로 설명하며, 이를 통해 사용자가 정보를 인지하고 활용하는 과정을 보다 명확히 정의하였다. 3단계 상황 인식 모델Endsley's Three-Level Model of Situation Awareness은 다음과 같이 구성된다.

---

13 미카 엔즐리Mica Endsley는 상황 인식Situation Awareness, SA 이론을 제안한 인지 심리학자이자 인간 공학 전문가이다.

1단계: 지각 Perception – 환경에서의 주요 요소 감지

첫 번째 단계는 사용자가 주변 환경에서 중요한 요소를 감지하는 과정이다. 이는 단순히 정보를 보는 것이 아니라, 현재 상황을 인식하고 의미 있는 데이터를 선택적으로 받아들이는 것을 포함한다.

예를 들어, 항공 조종사는 계기판의 속도, 고도, 기상 정보 등을 빠르게 파악해야 하며, 자동차 운전자는 도로의 교통 흐름과 신호등을 인식해야 한다. 또한, 의료 분야에서는 의사가 환자의 생체 신호 데이터를 감지하여 즉각적인 건강 상태를 확인하는 과정이 여기에 해당한다.

2단계: 이해 Comprehension – 정보를 해석하고 의미를 파악

두 번째 단계는 사용자가 감지한 정보를 분석하고, 현재 상황의 의미를 파악하는 과정이다. 단순히 데이터를 수집하는 것만으로는 충분하지 않으며, 이를 통해 어떤 결론을 도출하고 의사결정을 내릴 수 있는지가 중요하다.

예를 들어, 군사 작전에서 레이더 데이터를 수집하는 것만으로는 충분하지 않으며, 이를 바탕으로 적군의 움직임을 분석하고 전략적으로 대응할 수 있어야 한다. 마찬가지로, 의사는 환자의 여러 가지 생체 신호를 종합적으로 해석하여 현재 건강 상태가 안정적인지, 위급한 상황인지 판단해야 한다.

3단계: 예측 Projection – 미래 상황을 예측하고 대응 전략을 수립

마지막 단계에서는 현재의 정보를 바탕으로 미래에 발생할 수 있는 상황을 예측하고, 적절한 결정을 내리는 과정이 이루어진다.

자율주행 시스템의 경우, AI는 주변 차량의 속도와 방향을 분석하여 충돌 가능성을 예측하고 이에 따른 대처 전략을 수립해야 한다. 또한, 군사 작전에서 AR 기반 분석 시스템은 실시간 전장 데이터를 분석하여 적군의 예상 이동 경로를 시각적으로 제공함으로써 전략적 결정을 지원할 수 있다.

AR 인터페이스 설계에서의 적용

증강 현실 AR 시스템에서는 사용자가 현재 상황을 명확히 인식할 수 있도록 정보를 제공하는 것이 필수적이다. 현실 세계와 가상 정보가 결합된 AR 환경에서는 사용자가 직관적으로 정보를 받아들이고 빠르게 의사결정을 내릴 수 있도록 설계되어야 한다.

- **지각 Perception 단계에서의 AR 적용:** AR 인터페이스는 사용자가 중요한 정보를 즉각적으로 감지할 수 있도록 시각적 신호를 제공해야 한다. 예를 들어, 자동차의 AR 헤드업 디스플레이 AR-HUD는 주행 속도, 도로 표지판, 내비게이션 정보 등을 실시간으로 표시하여 운전자가 도로 상황을 즉각적으로 인식할 수 있도록 돕는다.

- **이해**Comprehension **단계에서의 AR 적용:** AR 시스템은 수집된 데이터를 단순히 나열하는 것이 아니라, 이를 논리적으로 구성하여 사용자가 쉽게 이해할 수 있도록 도와야 한다. 의료 AR 시스템에서는 환자의 실시간 생체 신호를 분석하고, 위험 신호가 감지될 경우 이를 강조 표시하여 의료진이 즉각적인 판단을 내릴 수 있도록 지원한다.
- **예측**Projection **단계에서의 AR 적용:** AR 인터페이스는 사용자가 현재 데이터를 바탕으로 미래의 상황을 예측할 수 있도록 도와야 한다. 예를 들어, 군사 훈련용 AR 시스템은 전장 데이터를 분석하여 적군의 예상 이동 경로를 실시간으로 표시할 수 있으며, 산업용 AR 시스템은 기계의 작동 상태를 분석하여 유지보수가 필요한 부분을 미리 경고할 수 있다.

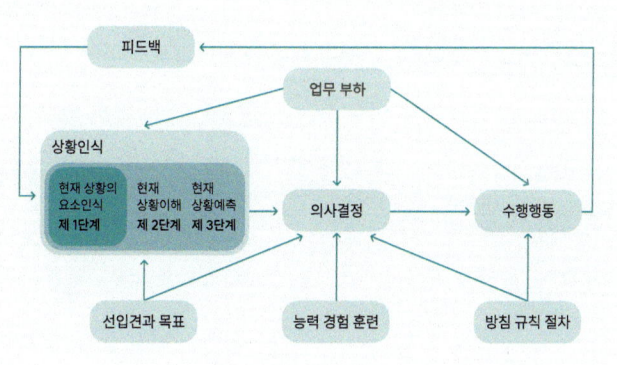

미카 엔즐리 Mica Endsley 의 상황 인식 모델

4.1.2 사용자 경험ᵁˣ 디자인 원칙

사용자 경험ᵁˣ 디자인 원칙은 사용자가 시스템을 사용할 때 느끼는 전반적인 경험을 향상시키기 위한 지침으로 활용할 수 있다. AR 환경에서는 현실과 가상이 융합되기 때문에 기존의 2D 화면 기반 UX 설계와는 다른 접근 방식이 필요하다. 특히, 사용자가 AR 공간에서 효과적으로 탐색하고 상호작용할 수 있도록 하는 것이 핵심 목표이다. AR 디자인에서는 사용자 경험을 극대화하기 위해 다음과 같은 원칙들이 적용되어야 한다.

- **일관성**Consistency : AR 인터페이스에서 일관성은 사용자가 혼란 없이 시스템을 사용할 수 있도록 하는 중요한 요소이다. 사용자는 직관적으로 기능을 이해하고 쉽게 사용할 수 있어야 한다. 이를 위해 인터페이스의 색상, 아이콘, 버튼, 글꼴 스타일이 일관되게 유지되어야 한다. 예를 들어, AR 내비게이션 애플리케이션에서 버튼 스타일과 인터랙션 패턴이 동일하게 유지되면 사용자는 여러 환경에서도 쉽게 적응할 수 있다. 또한, 가상 객체가 현실 공간과 조화를 이루도록 배치하는 공간적 일관성도 중요하다. 예를 들어, AR을 활용한 제품 배치 시스템에서는 가구나 전자기기가 현실 세계의 크기와 비례하도록 설정되어야 하며, 내비게이션 시스템의 화살표는 사용자의 시선 높이에 따

라 일관된 위치에 배치되어야 한다.

- **피드백**Feedback : 사용자 피드백은 AR 시스템에서 필수적인 요소로, 사용자가 수행한 동작이 시스템에서 어떻게 처리되었는지를 직관적으로 알 수 있도록 해 준다. AR 환경에서는 사용자가 현실 공간과 가상 요소를 동시에 경험하기 때문에 즉각적인 피드백이 필요하다. 시각적 피드백은 가상 객체가 선택될 때 색이 변하거나 크기가 조정되는 방식으로 제공될 수 있으며, 촉각적 피드백을 활용하면 햅틱 반응을 추가하여 사용자 경험을 더욱 향상시킬 수 있다. 또한, 음성 및 오디오 피드백을 제공하여 사용자가 입력을 수행했을 때 이를 확인할 수 있도록 도와줄 수 있다. 예를 들어, 사용자가 AR 환경에서 특정 객체를 선택하면, 해당 객체가 빛나거나 음성 안내가 제공되는 방식으로 피드백을 받을 수 있다. 이를 통해 사용자는 자신의 행동이 시스템에 의해 올바르게 인식되었음을 즉각적으로 이해할 수 있다.

- **유연성**Flexibility : 유연성은 AR 시스템이 다양한 방식의 사용자 입력을 지원하고, 사용자의 환경과 요구에 맞게 조정될 수 있도록 설계하는 요소이다. 다양한 입력 장치와 인터랙션 방식을 지원함으로써, 사용자는 자신에게 가장 편리한 방법을 선택하여 AR 콘텐츠와 상호작용할 수 있다. 예를 들어, 터치스크린, 제스처, 음성 명령, 시선 추적 등의 입력 방식이 통합된 시스템에서는 사용자가 손을 자유롭게 사용할 수 없는 상황에서도 음성 명령을 통해 원활한 조작이 가능하다. 또한, 사용자 맞춤형 설정을 제공하여 인터페이스 크기 조정, 색상 변경, 피

드백 강도 조절 등의 기능을 통해 개인화된 경험을 제공할 수 있다. 공간 인식 기반 인터랙션도 중요한 요소로, 사용자의 위치와 환경에 따라 UI 요소가 자연스럽게 배치되고 상호작용할 수 있도록 설계해야 한다. 이를 통해 사용자는 가상 콘텐츠를 현실적인 방식으로 경험할 수 있다.

- **접근성**Accessibility : 다양한 사용자가 쉽게 접근하고 사용할 수 있도록 인터페이스를 설계해야 한다. 모든 사용자가 원활하게 접근할 수 있도록 인터페이스가 조정되어야 하며, 이는 장애를 가진 사용자도 포함된다. 색상 대비가 부족한 경우 색맹 사용자가 불편함을 느낄 수 있으므로 색상 대비를 조정하거나, 텍스트 크기 조절 기능을 제공하여 가독성을 향상시킬 필요가 있다. 또한, 음성 안내 및 오디오 UI를 통해 시각 장애인이 중요한 정보를 음성으로 받을 수 있도록 지원해야 한다. 직관적인 조작 방식도 필수적인 요소로, 복잡한 메뉴 구조를 피하고 제스처 및 음성 명령을 중심으로 인터페이스를 설계하면 사용자의 학습 부담을 줄일 수 있다. 예를 들어, AR 내비게이션 시스템에서 화면을 보지 않고도 음성 안내를 통해 목적지로 이동할 수 있도록 설계하면 접근성이 크게 향상된다. 접근성이 강화된 AR 시스템은 모든 사용자가 편리하게 활용할 수 있으며, 보다 포괄적인 사용자 경험을 제공할 수 있다.

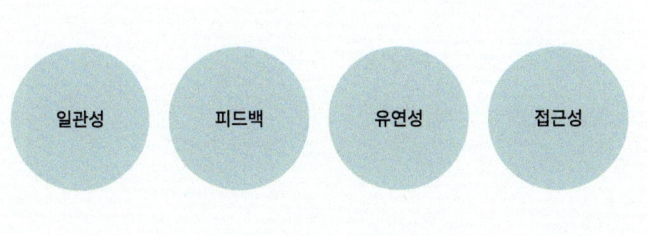

사용자 경험UX 디자인 원칙

4.1.3 인지심리학과 AR 설계

인지심리학은 사용자의 인지 과정과 정보 처리 방식을 이해하는 데 중요한 역할을 한다. AR 인터랙티브 디자인에서는 사용자가 어떻게 정보를 인식하고 처리하는지를 고려하여, 정보를 효과적으로 전달하고 사용자의 인지 부담을 최소화해야 한다. AR 시스템이 사용자에게 직관적으로 작동하려면 인간의 인지적 한계를 고려하여 설계되어야 하며, 시각적 정보 제공 방식, 기억 보조 기능, 그리고 주의 분산을 최소화하는 인터페이스 디자인이 필수적이다.

- **주의 분산 최소화**Attention Allocation : AR 환경에서 사용자의 주의는 현실과 가상 요소 사이에서 나뉘게 된다. 따라서 인터페이스는 사용

자의 주의를 분산시키지 않도록 설계되어야 한다. 중요한 정보는 눈에 띄도록 강조하고, 덜 중요한 정보는 배경으로 배치하여 사용자가 필요한 정보에 집중할 수 있도록 해야 한다. 예를 들어, AR 내비게이션 시스템에서는 사용자의 시선이 도로에 머물도록 정보를 직관적인 위치에 배치하며, 불필요한 시각적 요소는 최소화하여 주의가 흐트러지지 않도록 설계할 수 있다. AR 인터페이스는 사용자의 주의를 분산시키지 않도록 정보를 제공해야 하며, 중요한 정보는 강조하고 덜 중요한 정보는 배경으로 배치하여 사용자가 필요한 정보에 집중할 수 있도록 설계해야 한다.

- **인지 부하 최소화** Minimizing Cognitive Load: 사용자가 정보를 쉽게 이해하고 처리할 수 있도록 인터페이스는 단순하고 직관적으로 설계되어야 한다. 이는 시각적 단순화, 정보의 계층적 배치, 반복적 패턴 사용 등을 통해 구현될 수 있다. 예를 들어, AR을 활용한 조작 인터페이스에서 불필요한 버튼을 줄이고 핵심 기능만을 남긴다면 사용자는 학습 없이도 쉽게 사용할 수 있다. 또한, 동일한 패턴의 아이콘과 직관적인 색상 구성을 활용하면 사용자의 인지 부담을 줄일 수 있다. 시각적 단순화, 정보의 계층적 배치, 반복적 패턴 사용 등을 통해 사용자는 정보를 더욱 쉽게 이해하고 처리할 수 있다.

- **기억 보조 기능** Memory Aids: AR 시스템은 사용자가 정보를 오래 기억해야 하는 부담을 덜어 주기 위해 기억 보조 기능을 제공해야 한다. 예를 들어, 단계별 가이드를 제공하여 사용자가 필요한 정보를 쉽게 찾

고 기억할 수 있도록 하거나, AR 작업 지원 시스템에서 실시간으로 수행해야 할 작업을 화면에 지속적으로 표시함으로써 사용자의 기억 의존도를 줄일 수 있다. 이러한 기능은 특히 산업용 AR에서 작업자의 효율성을 높이는 데 중요한 역할을 한다. 작업 지침이나 단계별 가이드를 제공하여 사용자가 필요한 정보를 쉽게 찾고 기억할 수 있도록 도와준다.

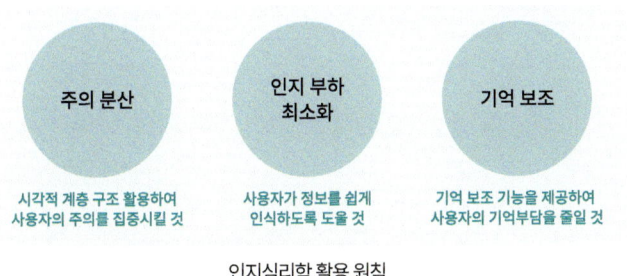

인지심리학 활용 원칙

4.1.4 AR과 혼합현실 MR

혼합현실 Mixed Reality, MR은 AR과 VR의 장점을 결합하여 현실과 가상을 통합한 경험을 제공하는 기술이다. MR은 사용자가 물리적 환경과 가상 객체를 동시에 경험할 수 있도록 설계되며, AR의 정보 오버레이 방식보다 한 단계 발전된 상호작용을 제공한다. MR을 활용하면 현실 공간에서 가상 객체가 물리적 요소와 연동하여 자연스럽게 반응할 수 있다.

- **현실과 가상의 자연스러운 통합**Seamless Integration**:** MR 환경에서는 가상 객체가 현실 세계와 유기적으로 상호작용해야 한다. 이를 위해 사용자의 손동작, 음성 명령, 시선 추적 등을 활용한 자연스러운 인터랙션이 필요하다. 예를 들어, MR을 활용한 원격 협업에서는 사용자가 가상의 3D 모델을 손으로 조작하고, 현실 공간의 다른 사람들과 실시간으로 공유할 수 있도록 설계해야 한다. 이는 현실감 있는 그래픽, 자연스러운 상호작용, 그리고 직관적인 UI 설계를 통해 실현될 수 있다.

- **존재감**Presence**과 몰입감 강화:** MR은 사용자가 현실과 가상의 경계를 느끼지 못하도록 하는 높은 수준의 몰입감을 제공한다. 이는 현실감 있는 그래픽, 동적 조명, 환경 인식 기술을 결합하여 구현된다. 예를 들어, MR 기반 시뮬레이션 교육에서는 실제 환경과 가상의 정보가 실시간으로 상호작용하여 더욱 사실적인 학습 경험을 제공할 수 있다. 몰입감을 극대화하기 위해 햅틱 피드백이나 공간 음향을 결합하는 것도 효과적인 방법이다. 물리적 공간과 가상 요소가 유기적으로 연결되어 더욱 실감 나는 경험을 제공할 수 있다. 예를 들어, AR 기반 원격 협업 시스템에서 사용자는 현실 공간에서 3D 홀로그램을 조작하면서 원격 사용자와 협업할 수 있으며, 가상의 도구를 현실 공간

에서 직접 사용하는 것과 같은 인터랙션이 가능해진다.

MR은 기존의 AR 시스템보다 한층 더 높은 몰입감을 제공하며, 물리적 환경과 가상 환경을 매끄럽게 연결하여 사용자가 더욱 자연스럽게 상호작용할 수 있도록 한다. 이를 통해 AR 환경에서의 사용자 경험을 향상시키고, 다양한 산업 분야에서 보다 혁신적인 솔루션을 제공할 수 있다.

4.2 AR 인터페이스 설계 원칙

AR 인터페이스 설계는 현실 세계와 디지털 정보를 원활하게 통합하여 사용자에게 직관적이고 유용한 경험을 제공하는 것을 목표로 한다. 다음은 AR 인터페이스 설계를 위한 주요 원칙들이다.

4.2.1 직관적인 상호작용

AR 인터페이스는 사용자가 자연스럽게 이해하고 사용할

수 있도록 직관적으로 설계되어야 한다. 이는 동작 인식, 음성 명령, 터치 인터페이스 등을 활용하여 사용자가 별도의 학습 없이도 쉽게 상호작용할 수 있게 하는 것을 의미한다. 예를 들어, 손가락으로 특정 객체를 가리키면 해당 객체에 대한 정보를 표시하거나, 손을 움직여 객체를 조작할 수 있는 기능을 제공한다.

4.2.2 공간적 인식

AR 인터페이스는 사용자의 공간적 인식을 고려하여 설계되어야 한다. 이는 디지털 정보가 현실 세계의 공간과 잘 어우러지도록 배치하는 것을 의미한다. 예를 들어, 가구 배치 앱에서는 사용자의 실제 공간을 인식하고, 그 공간에 맞춰 디지털 가구를 배치하여 사용자가 실제로 그 공간에 가구가 놓인 모습을 미리 확인할 수 있도록 한다.

4.2.3 최소화된 사용자의 인지 부담

AR 인터페이스는 사용자의 인지 부담을 최소화하면서 필요한 정보를 제공해야 한다. 이는 지나치게 많은 정보를 한 번에 제공하지 않고, 사용자가 필요로 하는 정보만을 선택적으로 제공함으로써 구현할 수 있다. 예를 들어, 관광 AR 애플리케이션에서는 사용자가 관심 있는 랜드마크를 선택했을 때 그곳에 대한 간략한 역사적 정보를 제공하고, 추가 정보를 원할 경우 더 깊이 있는 내용을 탐색할 수 있도록 한다.

4.2.4 피드백과 응답성

사용자의 행동에 대한 즉각적인 피드백과 높은 응답성을 제공하는 것이 중요하다. 이는 사용자가 시스템과 상호작용할 때 자신의 행동이 올바르게 인식되었음을 확인할 수 있게 하여, 더 나은 사용자 경험을 제공한다. 예를 들어, 사용자가 특정 객체를 선택할 때 진동이나 소리, 시각적 효과를 통해 선택이 성공적으로 이루어졌음을 알려준다.

4.2.5 접근성과 사용자 다양성

AR 인터페이스는 다양한 사용자들이 접근하고 사용할 수 있도록 설계되어야 한다. 이는 장애를 가진 사용자들도 쉽게 사용할 수 있는 인터페이스를 제공함을 의미하며, 사용자들의 다양한 요구를 충족시키기 위해 유연한 인터페이스 설계가 필요하다. 예를 들어, 음성 명령을 통한 상호작용을 제공하거나, 다양한 입력 장치를 지원하여 사용자들의 다양한 선호도와 능력에 맞춘 인터페이스를 구현한다. 또한, 색상 대비를 높이고, 시각 장애인을 위한 텍스트 음성 변환[TTS] 기능을 제공함으로써 모든 사용자가 AR 애플리케이션을 원활하게 사용할 수 있게 한다.

4.3 성공적인 AR 애플리케이션 사례 분석

성공적인 AR 애플리케이션은 사용자에게 높은 몰입감과 유용한 정보를 제공하면서도 직관적인 인터페이스를 통해 원활한 상호작용을 가능하게 한다. 다음은 다양한 분야에서 성공을 거둔 AR 애플리케이션의 사례들이다.

4.3.1 포켓몬 고

포켓몬 고Pokémon GO는 AR 기술을 활용한 대표적인 성공 사례로, 사용자들이 현실 세계에서 포켓몬을 찾고 잡는 게임을 통해 높은 인기를 끌었다. 이 애플리케이션은 스마트폰의 카메라와 GPS를 활용하여 현실 세계에 포켓몬을 배치하고, 사용자가 실제로 이동하면서 포켓몬을 잡을 수 있도록 설계되었다. 포켓몬 고는 직관적인 인터페이스와 재미있는 게임 메커니즘을 통해 사용자들에게 높은 몰입감을 제공했으며, 다양한 이벤트와 업데이트를 통해 지속적인 관심을 유지할 수 있었다.

설계 요소	
현실 세계와의 통합	현실 세계의 지형과 랜드마크를 활용하여 포켓몬의 위치를 배치
소셜 상호작용	친구 추가, 팀 구성, 공동 이벤트 등을 통해 사용자 간의 상호작용 촉진
실시간 피드백	포켓몬 포획 시 시각적 및 청각적 피드백 제공으로 몰입감 강화

4.3.2 IKEA Place

 IKEA Place는 AR 기술을 활용하여 사용자가 자신의 집에서 가구를 미리 배치해 볼 수 있는 애플리케이션이다. 이 애플리케이션은 ARKit과 ARCore를 활용하여 사용자의 공간을 정확히 인식하고, 디지털 가구를 실제 공간에 자연스럽게 배치할 수 있게 한다. IKEA Place는 직관적인 인터페이스와 고해상도의 3D 모델을 통해 사용자가 실제처럼 가구가 놓인 모습을 미리 확인할 수 있도록 하였으며, 이는 구매 결정에 큰 도움을 주었다.

설계 요소	
정확한 공간 인식	SLAM 알고리즘을 활용하여 사용자의 공간을 정확히 스캔하고 3D 도면을 생성
고해상도 3D 모델	실제 제품과 동일한 디테일을 가진 3D 모델을 통해 현실감 있는 배치 경험 제공
사용자 친화적 인터페이스	간단한 터치와 드래그 동작을 통해 가구의 위치와 크기를 쉽게 조정

출처: Freepik

4.3.3 Google 렌즈 Lens

　Google 렌즈는 AR 기술을 활용하여 사용자가 카메라를 통해 실시간으로 정보를 검색하고 상호작용할 수 있는 애플리케이션이다. 예를 들어, 사용자가 특정 물체를 카메라에 비추면 그 물체에 대한 정보, 번역, 쇼핑 링크 등을 실시간으로 제공한다. Google 렌즈는 강력한 컴퓨터 비전 알고리즘과 AI 기술을 활용하여 사용자의 요구에 맞는 맞춤형 정보를 제공하며, 직관적인 인터페이스를 통해 사용자가 손쉽게 원하는 정보를 얻을 수 있게 한다.

설계 요소	
실시간 객체 인식	고성능 컴퓨터 비전 알고리즘을 통해 다양한 물체와 텍스트를 정확히 인식
맞춤형 정보 제공	사용자의 현재 상황과 요구사항에 맞는 정보를 자동으로 제공
직관적인 인터페이스	카메라 중심의 인터페이스로 사용자 친화적인 경험 제공

4.3.4 ARKit을 활용한 의료 시뮬레이션

ARKit을 활용한 의료 시뮬레이션 애플리케이션인 'Touch Surgery', 'Proprio' 등은 의사들이 수술 전 시뮬레이션을 통해 다양한 시나리오를 연습할 수 있도록 돕는다. 이 애플리케이션은 실제 환자의 3D 모델을 기반으로 하여, 수술 부위를 정확히 인식하고 가상 도구를 사용하여 수술 과정을 시뮬레이션할 수 있게 한다. 이는 의사들에게 실전과 유사한 환경에서 연습할 수 있는 기회를 제공하며, 실제 수술 시 오류를 줄이고 성공률을 높이는 데 기여하고 있다.

설계 요소	
정밀한 3D 모델링	실제 환자의 데이터를 바탕으로 한 정확한 3D 모델 제공
실시간 상호작용	가상 도구를 사용하여 실제 수술 절차를 시뮬레이션
피드백 시스템	사용자의 행동에 대한 실시간 피드백을 통해 학습 효과 극대화

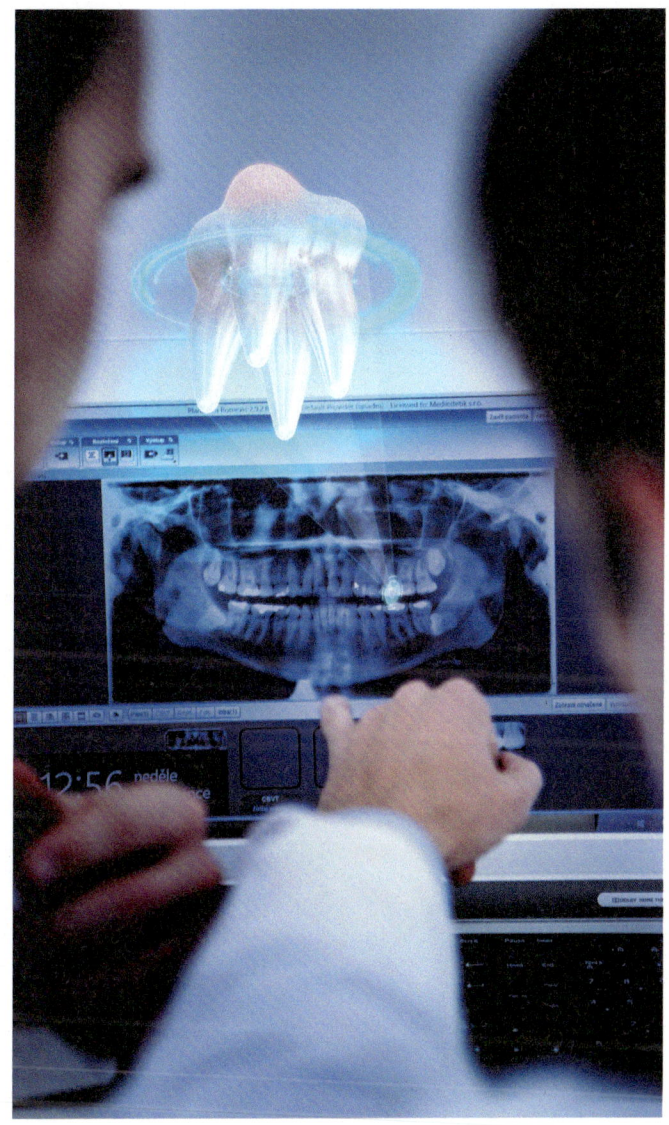

4.3.5 Google Maps AR 기능

Google Maps AR 기능은 사용자가 현실 세계에서 목적지를 쉽게 찾을 수 있도록 도와주는 애플리케이션이다. 이 기능은 스마트폰의 카메라와 GPS를 활용하여 현실 세계의 도로와 건물 위에 방향 화살표와 거리를 표시한다. 이는 사용자가 길을 찾을 때 시각적으로 명확한 지침을 제공하여 혼란을 줄이고, 더 효율적으로 목적지에 도착할 수 있도록 한다.

설계 요소	
실시간 위치 추적	사용자의 현재 위치를 정확히 인식하고, 목표 지점까지의 경로를 실시간으로 업데이트
직관적인 시각적 지침	도로 위에 투명한 방향 화살표와 거리 표시를 통해 명확한 길 찾기 지원
간편한 사용성	간단한 인터페이스와 최소한의 사용자 입력으로 직관적인 경험 제공

　4장에서는 AR 기반 인터랙티브 디자인의 이론적 기반과 설계 원칙, 그리고 성공적인 애플리케이션 사례들을 살펴보았다. 인간-컴퓨터 상호작용 이론, 사용자 경험 디자인 원칙, 인지심리학, 혼합현실 이론 등의 이론적 배경을 바탕으로 직관적이고 효과적인 AR 인터페이스를 설계하는 방법을 설명하였으며, 다양한 분야에서 성공을 거둔 AR 애플리케이션들의 사례를 통해 실질적인 적용 방안을 제시하였다. 이러한 이론과 사례들은 AR 인터랙티브 디자인의 발전과 혁신을 이끌어가는 데 중요한 역할을 한다. 다음 장에서는 VR 기반 인터랙티브 디자인에 대해 더욱 구체적으로 탐구할 것이다.

5장

VR 기반 인터랙티브 디자인

5장 | VR 기반 인터랙티브 디자인

5.1 VR 디자인의 이론적 기반

VR 인터랙티브 디자인은 사용자에게 완전히 가상화된 환경에서 몰입형 경험을 제공하는 데 중점을 둔다. VR 디자인의 이론적 기반은 인간-컴퓨터 상호작용HCI 이론, 몰입 이론, 공간 인지 이론, 그리고 존재감Presence 이론에 근거하고 있다. 이 장에서는 VR 디자인에 적용 가능한 핵심 이론들을 심층적으로 알아보고, 이를 통해 효율적인 VR 인터랙티브 디자인을 구현하는 방법을 논의한다.

5.1.1 VR에서의 인간-컴퓨터 상호작용HCI 이론

VR에서의 인간-컴퓨터 상호작용 이론은 사용자와 가상 환경 간의 몰입형 상호작용을 연구하는 학문 분야로, 보다 직관적이고 현실적인 경험을 제공하는 데 중점을 둔다. VR에서는 사용자의 신체 움직임과 시선 추적이 핵심적인 입력 방식이 되므로, HCI 이론은 인터페이스 설계와 사용자 경험 최적화를 위한 다양한 원칙을 포함한다.

- **사용자 중심 설계**User-Centered Design, UCD: UCD는 사용자 요구와 피드백을 중심으로 시스템을 설계하는 접근 방식으로, VR 인터페이스 설계에서도 중요한 역할을 한다. 이는 사용자 연구, 프로토타이핑, 반복적인 테스트를 통해 사용자의 요구를 반영한 설계를 가능하게 한다.

- **상호작용 모델**Interaction Models: VR에서는 물리적 상호작용을 모방하는 다양한 상호작용 모델이 사용된다. 예를 들어, 핸드 트래킹, 동작 인식, 음성 명령 등을 통해 사용자가 가상 환경과 자연스럽게 상호작용할 수 있게 한다.

- **피드백과 응답성**Feedback and Responsiveness: VR 인터페이스는 사용자 행동에 대한 즉각적인 피드백을 제공하여 상호작용의 효과를 강화해야 한다. 이는 시각적, 청각적, 촉각적 피드백을 통해 구현되며, 사용자가 자신의 행동이 가상 환경에 반영되고 있음을 인지할 수 있게 한다.

5.1.2 몰입 이론

VR 환경에서는 사용자의 완전한 몰입이 목표이다. 사용자는 물리적 현실을 벗어나 완전히 가상 세계에 빠져들게 되며, 이 가상 세계가 현실처럼 느껴지도록 설계되어야 한다. 따라서, VR의 몰입 요소는 사용자가 가상 환경을 현실처럼 느끼게 하는 데 중점을 둔다.

- **감각적 몰입** Sensory Immersion : VR에서 감각적 몰입은 사용자의 감각 기관을 자극하여 현실감을 극대화하는 것을 목표로 한다. 이를 위해 고해상도의 시각적 요소, 입체 음향, 촉각 피드백이 활용된다. 예를 들어, VR 헤드셋의 고해상도 디스플레이와 3D 오디오 시스템은 사용자가 가상 세계를 실제처럼 느끼게 해 준다. 또한, 햅틱 피드백 장치[14]를 사용해 사용자가 가상 세계와의 물리적 상호작용을 더욱 생생하게 경험할 수 있도록 설계되었다.

- **인지적 몰입** Cognitive Immersion : 인지적 몰입은 사용자가 VR 콘텐츠에 집중하고, 심리적으로 몰두하는 정도를 나타낸다. 스토리텔링과

---

14 햅틱 피드백 장치: 사용자의 촉각을 자극하여 가상 환경에서의 상호작용을 현실적으로 느끼게 해 주는 기술. 진동, 압력, 온도 변화 등을 통해 사용자가 가상의 물체를 만지거나 힘을 가하는 감각을 경험할 수 있도록 돕는다. 대표적인 예로는 VR 컨트롤러의 진동 피드백, 촉각 글로브, 햅틱 슈트 등이 있다.

내러티브가 사용자의 몰입도를 높이는 중요한 요소로 작용하며, 미하이 칙센트미하이Mihaly Csikszentmihalyi의 플로우 이론Flow Theory이 적용된다. 플로우 상태는 사용자가 도전과 능력 사이의 균형을 유지하며 몰입에 빠져드는 과정을 설명하며, VR 디자인에서는 이러한 원칙을 통해 사용자 경험을 최적화할 수 있다.

- **행동적 몰입**Behavioral Immersion : 사용자가 실제로 콘텐츠와 상호작용하고, 물리적 행동을 통해 몰입감을 경험하는 것을 의미한다. VR에서는 동작 인식, 모션 트래킹, 인터랙티브 객체 등이 행동적 몰입을 지원한다. 예를 들어, VR 환경에서 사용자가 손을 움직여 가상 객체를 조작하는 경험을 통해 행동적 몰입을 높여줄 수 있다.

5.1.3 공간 인지 이론

공간 인지 이론Spatial Cognition Theory은 사용자가 VR 환경 내에서 공간을 어떻게 인식하고 이해하는지를 연구하는 이론이다. 이는 사용자에게 자연스럽고 현실감 있는 공간 경험을 제공하기 위해 중요한 역할을 한다. 공간 인지 이론을 바탕으로 VR 인터랙티브 디자인은 다음과 같은 요소들을 고려하여 사용자 경험을 최적화해야 한다.

공간 인지 이론

- **공간적 이해**Spatial Understanding: 사용자가 가상공간을 직관적으로 이해하고 탐색할 수 있도록 공간 구조와 인터페이스를 설계해야 한다. 이는 자연스러운 이동 메커니즘과 명확한 공간 레이아웃을 통해 구현될 수 있다.
- **시각적 단서**Visual Cues: 공간 내에서의 방향과 거리를 인식할 수 있도록 시각적 단서를 제공해야 한다. 예를 들어, 길을 안내하는 화살표, 거리 표시, 랜드마크 등을 통해 사용자가 목적지로 쉽게 이동할 수 있게 한다.
- **시각적 피드백**Visual Feedback: 사용자가 공간 내에서의 위치와 방향을 정확히 인식할 수 있도록 실시간으로 시각적 피드백을 제공해야 한다. 이는 사용자 인터페이스 요소들이 사용자의 위치와 움직임에 따라 동적으로 반응하도록 설계함으로써 구현될 수 있다.

5.1.4 존재감 이론

존재감Presence 이론은 사용자가 VR 환경에서 얼마나 실제로 그 공간에 존재하는지를 설명하는 이론이다. 높은 존재감은 사용자에게 더욱 몰입감 있는 경험을 제공하며, 이는 VR 인터랙티브 디자인에서 중요한 목표 중 하나이다.

- **상호작용의 자연스러움**Naturalness of Interaction: 사용자와 가상 환경 간의 상호작용이 자연스럽고 직관적이어야 높은 존재감을 유지할 수 있다. 이는 동작 인식, 음성 명령, 모션 컨트롤러 등을 통해 사용자와 가상 환경 간의 상호작용을 자연스럽게 만드는 것을 의미한다.
- **현실적 피드백**Realistic Feedback: 시각적, 청각적, 촉각적 피드백이 현실적일수록 사용자는 가상 환경에 더욱 몰입할 수 있다. 예를 들어, 물체를 집을 때 발생하는 촉각 피드백이나, 물체와 상호작용할 때 발생하는 소리 등이 현실감을 높인다.
- **감각적 일관성**Sensory Consistency: 가상 환경 내의 모든 감각적 요소들이 일관되게 동작해야 한다. 이는 시각적, 청각적, 촉각적 요소들이 서로 조화를 이루어 사용자가 혼란을 느끼지 않도록 하는 것을 의미한다.

5.2 3D 인터페이스 설계 원칙

VR 인터페이스 설계는 3D 공간 내에서 사용자와 시스템 간의 상호작용을 원활하게 만드는 것을 목표로 한다. 효과적인 3D 인터페이스 설계를 위해 다음과 같은 원칙들이 적용된다.

5.2.1 자연스러운 상호작용

VR 인터페이스는 사용자가 자연스럽게 상호작용할 수 있도록 설계되어야 한다. 이는 동작 인식, 음성 명령, 모션 컨트롤러 등을 활용하여 사용자가 별도의 학습 없이도 직관적으로 상호작용할 수 있게 하는 것을 의미한다. 예를 들어, 사용자가 손을 흔들어 메뉴를 열거나, 손가락을 움직여 가상 객체를 집는 등의 기능을 제공함으로써 자연스러운 상호작용을 구현한다.

- **직관적 제스처:** 사용자가 실제 손동작을 가상 환경에 쉽게 적용할 수 있도록 직관적인 제스처를 설계한다. 예를 들어, 집기 동작은 실제 손을 사용하는 것처럼 자연스럽게 구현되어야 한다.
- **멀티모달 상호작용**Multimodal Interaction**:** 다양한 입력 방식을 결합하

여 사용자가 여러 방법으로 상호작용할 수 있게 한다. 이는 음성 명령과 동작 인식을 동시에 활용하거나, 터치 패널과 모션 컨트롤러를 병행하여 사용하는 것을 포함한다.

5.2.2 공간적 레이아웃

VR 인터페이스는 3D 공간 내에서의 정보 배치를 신중하게 고려해야 한다. 중요한 정보는 사용자의 시야 내에 배치하고, 덜 중요한 정보는 주변 공간에 배치하여 시각적 혼란을 줄여야 한다. 예를 들어, 가상 회의 애플리케이션에서는 주요 발표 자료를 중앙에 배치하고, 보조 자료는 옆이나 아래쪽에 배치하여 사용자가 필요한 정보를 쉽게 찾을 수 있도록 한다.

- **레이어링 Layering**: 정보를 계층적으로 배치하여 사용자가 중요한 정보를 우선적으로 인식할 수 있게 한다. 이는 시각적 계층 구조 Visual Hierarchy를 활용하여 구현된다.
- **아이 트래킹 Eye Tracking**: 시선 추적 기술을 활용하여 사용자가 어디를 보고 있는지를 실시간으로 파악하고, 그에 따라 인터페이스를 동적으로 조정한다. 이는 중요한 정보를 사용자의 시야 중심에 배치하는 데 유용하다.

5.2.3 피드백과 높은 응답률

VR 인터페이스는 사용자 행동에 대한 즉각적인 피드백과 높은 응답률을 제공해야 한다. 이는 사용자가 시스템과 상호작용할 때 자신의 행동이 올바르게 인식되었음을 확인할 수 있게 하여, 더 나은 사용자 경험을 제공한다. 예를 들어, 사용자가 가상 객체를 클릭할 때 시각적 효과나 진동 피드백을 제공함으로써 상호작용이 성공적으로 이루어졌음을 알려준다.

- **실시간 피드백:** 모든 상호작용은 실시간으로 피드백을 제공하여 사용자가 자신의 행동이 시스템에 의해 즉각적으로 반영되고 있음을 알 수 있게 한다. 이는 사용자 몰입감을 높이는 데 중요한 요소다.
- **촉각 피드백:** VR 컨트롤러를 통해 제공되는 촉각 피드백은 사용자에게 더 현실감 있는 상호작용을 제공한다. 예를 들어, 객체를 집을 때 진동을 통해 물체의 무게와 질감을 느낄 수 있게 한다.

5.2.4 접근성과 사용자 다양성

VR 인터페이스는 다양한 사용자들이 접근하고 사용할 수 있도록 설계되어야 한다. 이는 장애를 가진 사용자들도 쉽게 사용할 수 있는 인터페이스를 제공함을 의미하며, 사용자들의 다양한 요구를 충족시키기 위해 유연한 인터페이스 설계가 필요하다.

- **장애인을 위한 접근성** Accessibility for Disabilities : 시각, 청각, 운동 장애를 가진 사용자들을 위해 보조 기술을 통합하여 인터페이스를 설계해야 한다. 예를 들어, 시각 장애인을 위해 음성 안내를 제공하거나, 청각 장애인을 위해 텍스트 기반의 피드백을 제공할 수 있다.
- **맞춤형 설정** Customizable Settings : 사용자가 자신의 필요와 선호에 따라 인터페이스를 조정할 수 있도록 맞춤형 설정 기능을 제공한다. 이는 텍스트 크기 조정, 색상 테마 변경, 동작 인식 민감도 조절 등을 포함한다.

5.3 성공적인 VR 콘텐츠 사례 분석

성공적인 VR 콘텐츠는 사용자에게 높은 몰입감과 유용한 상호작용을 제공하면서도 직관적인 인터페이스를 통해 원활한 경험을 가능하게 한다. 다음은 다양한 분야에서 성공을 거둔 VR 콘텐츠의 사례들이다.

5.3.1 Beat Saber

Beat Saber는 VR 리듬 게임으로, 사용자가 광선검을 사용하여 노트에 맞춰 블록을 자르는 게임이다. 이 게임은 직관적인 동작 인식과 음악과의 완벽한 싱크로 인해 높은 몰입감을 제공한다. Beat Saber는 간단하면서도 중독성 있는 게임 메커니즘과 세밀한 그래픽 디자인을 통해 전 세계적으로 큰 인기를 끌었으며, VR 게임의 대표적인 성공 사례로 자리매김하였다.

설계 요소	
직관적인 제스처	사용자가 실제로 광선검을 휘두르는 동작을 VR 컨트롤러로 자연스럽게 구현
음악과의 싱크로	음악의 비트에 맞춰 노트가 등장하고, 이를 자르는 동작이 일치하여 몰입감을 높임
다양한 난이도	다양한 난이도를 제공하여 초보자부터 숙련자까지 모두가 즐길 수 있도록 설계

출처: Midjourney

5.3.2 Google Earth VR

Google Earth VR은 사용자가 가상공간에서 전 세계를 탐험할 수 있는 애플리케이션이다. 이 애플리케이션은 현실 세계의 지형과 건축물을 고해상도로 재현하여 사용자에게 사실적인 탐험 경험을 제공한다. Google Earth VR은 직관적인 인터페이스와 자연스러운 이동 메커니즘을 통해 사용자가 쉽게 원하는 장소로 이동하고, 다양한 정보를 실시간으로 확인할 수 있게 한다. 이는 교육, 여행, 지리학 연구 등 다양한 분야에서 유용하게 활용되고 있다.

설계 요소	
정확한 지형 재현	실제 지형 데이터를 바탕으로 한 정확한 3D 모델링
자연스러운 이동 메커니즘	텔레포트 Teleport 방식이나 자연스러운 걷기 모드를 제공하여 사용자에게 편안한 탐험 경험 제공
정보 계층화	사용자가 원하는 정보에 쉽게 접근할 수 있도록 계층적으로 정보를 제공

출처: Midjourney

5.3.3 Oculus Medium

Oculus Medium은 VR을 활용한 3D 모델링 및 디지털 스컬핑 Sculpting 애플리케이션으로, 아티스트들이 가상공간에서 자유롭게 조각을 만들 수 있게 한다. 이 애플리케이션은 직관적인 동작 인식과 실시간 피드백을 통해 사용자가 자연스럽게 3D 오브젝트를 조작하고 형성할 수 있도록 돕는다. Oculus Medium은 VR의 몰입형 환경을 활용하여 창의적인 작업을 지원하며, 디지털 아트와 디자인 분야에서 큰 호응을 얻고 있다.

설계 요소	
직관적인 도구 사용	실제 도구를 사용하는 것처럼 직관적인 인터페이스 제공
실시간 피드백	실제 물리적인 조각 동작을 하듯이 즉각적인 시각적 피드백을 통해 사용자에게 몰입감을 제공
다양한 브러시와 재료	사용자에게 다양한 브러시와 재료를 제공하여 창의적인 작업을 지원

출처: Midjourney

5.3.4 Medical VR Simulation

의료 분야에서의 VR 시뮬레이션 애플리케이션은 의사들이 실제 수술을 수행하기 전에 가상 환경에서 시뮬레이션을 통해 연습할 수 있도록 한다. 이러한 애플리케이션은 현실적인 시뮬레이션과 정밀한 상호작용을 제공하여 의사들이 실제 수술 상황을 미리 경험하고, 기술을 향상시킬 수 있도록 돕는다. 예를 들어, VR 기반의 수술 시뮬레이션 프로그램은 사용자가 가상 수술 도구를 사용하여 수술 과정을 연습할 수 있게 하며, 이는 실제 수술 시 오류를 줄이고 성공률을 높이는 데 기여한다.

설계 요소	
현실적인 시뮬레이션	실제 수술 환경을 정확히 재현하여 사용자에게 실전과 유사한 경험 제공
정밀한 상호작용	가상 도구와 조직 간의 정밀한 상호작용을 통해 현실적인 수술 경험 제공
피드백 시스템	사용자의 수술 동작에 대한 실시간 피드백을 제공하여 학습 효과 극대화

5.3.5 VRChat

VRChat은 사용자들이 아바타를 통해 가상공간에서 서로 의사소통을 할 수 있는 플랫폼이다. 이 애플리케이션은 다양한 사용자 생성 콘텐츠와 자유로운 커스터마이징 기능을 제공하여, 사용자들이 자신만의 아바타와 가상공간을 만들고 다른 사용자들과 소통할 수 있게 한다. VRChat은 높은 상호작용성과 커뮤니티 중심의 디자인을 통해 전 세계적으로 많은 사용자들을 끌어모았으며, 소셜 VR의 대표적인 성공 사례로 인정받고 있다.

설계 요소	
커스터마이징 기능	사용자가 자신의 아바타를 자유롭게 커스터마이징할 수 있는 기능 제공
다양한 소셜 공간	다양한 테마와 목적을 가진 소셜 공간을 제공하여 사용자 간의 상호작용 촉진
실시간 상호작용	음성 채팅, 동작 인식 등을 통해 사용자 간의 실시간 상호작용을 지원

출처: Midjourney

5장에서는 VR 기반 인터랙티브 디자인의 이론적 기반과 3D 인터페이스 설계 원칙, 그리고 성공적인 VR 콘텐츠 제작 사례들을 살펴보았다. 인간-컴퓨터 상호작용 이론, 몰입 이론, 공간 인지 이론, 존재감 이론 등의 이론적 배경을 바탕으로 직관적이고 몰입감 높은 VR 인터페이스를 설계하는 방법을 논의하였으며, 다양한 분야에서 성공을 거둔 VR 콘텐츠들의 사례를 통해 실질적인 적용 방안을 제시하였다. 이러한 이론과 사례들은 VR 인터랙티브 디자인의 발전과 혁신을 이끌어가는 데 중요한 역할을 한다. 다음 장에서는 기술적 구현 방법론에 대해 더욱 구체적으로 탐구할 것이다.

6장

기술적
구현
방법론

6장 | 기술적 구현 방법론

6.1 AR 및 VR 애플리케이션 개발 프로세스

AR과 VR 애플리케이션의 개발은 전통적인 소프트웨어 개발 프로세스와 유사하지만, 몰입형 경험을 제공하기 위해 특별한 고려사항이 추가된다. 이 장에서는 AR과 VR 애플리케이션의 개발 프로세스를 단계별로 살펴보고, 각 단계에서의 주요 활동과 도구들에 대해 설명한다.

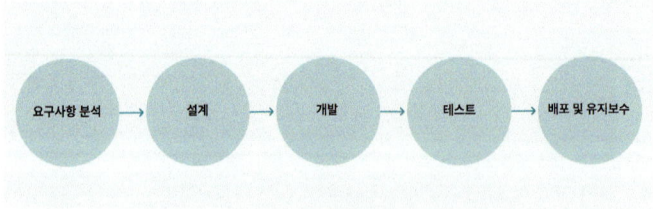

AR과 VR 개발 프로세스

6.1.1 요구사항 분석

개발 프로세스의 첫 단계는 요구사항 분석이다. 이 단계에서는 목표 사용자, 애플리케이션의 목적, 기능 요구사항, 기술적 제약사항 등을 명확히 정의한다. AR과 VR 애플리케이션은 사용자의 몰입 경험을 극대화하기 위해 현실 세계와의 상호작용, 사용자 인터페이스[UI]의 직관성, 실시간 데이터 처리 등이 중요하므로, 이러한 요소들을 철저히 분석해야 한다.

- **사용자 조사** User Research : 목표 사용자 그룹의 요구와 기대를 이해하기 위해 설문조사, 인터뷰, 사용자 관찰 등을 실시한다.
- **경쟁 분석** Competitive Analysis : 유사한 AR/VR 애플리케이션을 분석하여 벤치마킹하고, 차별화된 기능을 도출한다.
- **기능 기술서** Function Specification : 애플리케이션이 제공해야 할 기능과 성능 요구사항을 상세히 기술한다.

AR/VR 애플리케이션의 요구사항을 철저히 분석 사례 중 대표적인 예로 IKEA Place 애플리케이션이 있다. IKEA Place는 사용자가 자택에서 가구를 가상으로 배치할 수 있도록 하는 AR 기반 애플리케이션으로, 가구 배치의 실용성과 공간 활용도를 극대화하는 데 중점을 두었다. 개발 초기 단계에서 IKEA는 사용자 조사와 실사용 환경 분석을 통해 소비자들이 실제로 어떤 방식으로 가구를 배치하고 구매 결정을 내리는지를 연구했다. 이를 기반으로 다음과 같은 요구사항이 도출되었다.

- **실제 크기의 가구 모델 제공:** 사용자가 가구 크기를 정확히 인식할 수 있도록 실제 제품의 1:1 크기 가상 모델을 제공해야 한다.
- **다양한 조명 환경 고려:** 가구의 색상이 실제 환경에서 어떻게 보일지를 정확하게 반영해야 한다.
- **간편한 조작 인터페이스:** 사용자가 직관적으로 제품을 회전하고 이동할 수 있도록 UI를 단순화해야 한다.
- **플랫폼 호환성:** 모바일 기기 성능에 따라 AR 기능을 최적화하고, 여러 OS에서 동일한 경험을 제공해야 한다.

6.1.2 설계 단계

설계 단계에서는 애플리케이션의 아키텍처와 사용자 인터페이스를 설계한다. AR과 VR의 특성을 고려하여 3D 공간 내에서의 상호작용, 사용자 경험UX 디자인, 시스템 아키텍처 등을 체계적으로 계획해야 한다. 이 단계에서 중요한 것은 사용자의 몰입감을 극대화하면서도 직관적이고 효율적인 설계를 구현하는 것이다.

- **시스템 아키텍처 설계**System Architecture Design : 애플리케이션의 전체 구조를 정의하고, 각 구성 요소 간의 상호작용을 설계한다. AR과 VR 애플리케이션은 고성능의 그래픽 처리, 실시간 데이터 렌더링, 네트워크 연결이 요구되므로, 클라이언트-서버 모델, 엣지 컴퓨팅 활용, 클라우드 렌더링 등의 요소를 고려해야 한다. 예를 들어, VR 게임의 경우 서버와 클라이언트 간의 데이터 동기화 속도가 몰입감에 큰 영향을 미치므로, 지연 시간이 최소화될 수 있도록 네트워크 아키텍처를 최적화해야 한다.

- **UI/UX 디자인**User Interface/User Experience Design : AR과 VR의 특징을 반영하여 사용자가 직관적이고 몰입감 있게 상호작용할 수 있도록 설계하는 과정으로 전통적인 2D UI 디자인과 달리, AR/VR 환경에서는 3D 공간 내에서 인터페이스 요소가 배치되므로 사용자의 시

선 이동, 공간 인식, 제스처 인터랙션 등의 요소를 반영해야 한다. 예를 들어, VR 내비게이션 시스템을 설계할 때 사용자의 자연스러운 동선을 고려하여 주요 인터랙션 요소가 적절한 위치에 배치되도록 해야 하며, AR 애플리케이션의 경우 사용자의 시야를 방해하지 않도록 UI 요소를 세심하게 배치해야 한다.

- **프로토타입 제작**Prototyping: 와이어프레임, 스토리보드, 저해상도 프로토타입 등을 활용하여 초기 설계를 검증하고 개선하는 작업이 이루어진다. AR과 VR 애플리케이션의 경우, 프로토타입을 통해 사용자 상호작용이 실제 환경에서 어떻게 구현되는지를 테스트하는 것이 필수적이다. 예를 들어, AR 내비게이션 시스템을 개발할 경우, 실제 사용자가 증강된 길 안내 정보를 어떻게 인식하는지를 프로토타이핑을 통해 미리 검증하고 개선할 수 있다. VR 게임에서는 사용자 피드백을 반영하여 조작 방식을 최적화하는 과정이 반복될 수 있다.

설계 단계는 AR/VR 애플리케이션의 성공을 결정짓는 중요한 과정으로, 사용자 경험과 기술적 구현 사이의 균형을 맞추는 것이 핵심이다. 이를 위해 최신 UI/UX 디자인 트렌드, 클라우드 및 엣지 컴퓨팅 활용, 3D 인터랙션 방식 등을 지속적으로 연구하고 반영하는 것이 중요하다.

6.1.3 개발 단계

개발 단계에서는 설계된 아키텍처와 인터페이스를 기반으로 실제 애플리케이션을 구현한다. AR과 VR 개발은 주로 게임 엔진 유니티, 언리얼 엔진을 사용하며, 각 플랫폼 iOS, 안드로이드, Oculus, HTC Vive 등에 맞는 SDK와 API를 활용한다.

- **게임 엔진 활용** Game Engine Utilization: 유니티와 언리얼 엔진은 AR/VR 개발의 표준 도구로, 3D 모델링, 물리 시뮬레이션, 실시간 렌더링 기능을 제공한다.
- **SDK[15] 및 API[16] 통합** SDK and API Integration: ARKit, ARCore, Oculus SDK, SteamVR 등 다양한 SDK와 API를 통합하여 플랫폼 특화 기능을 구현한다.
- **3D 모델링 및 애니메이션** 3D Modeling and Animation: Blender, Maya, 3ds Max와 같은 도구를 사용하여 3D 모델과 애니메이션을 제작한다.

---

15 SDK Software Development Kit: 소프트웨어 개발 키트로, 특정 플랫폼에서 애플리케이션을 개발할 수 있도록 제공되는 도구 모음이다. 일반적으로 라이브러리, 코드 샘플, 문서, 빌드 도구 등을 포함하며, AR/VR 환경에서는 ARKit[iOS], ARCore[Android]와 같은 SDK가 제공된다.

16 API Application Programming Interface: 애플리케이션 프로그래밍 인터페이스로, 소프트웨어 간의 상호작용을 가능하게 하는 규칙과 프로토콜의 집합이다. 개발자는 API를 활용하여 운영체제, 클라우드 서비스, 하드웨어 등의 기능을 애플리케이션에 쉽게 통합할 수 있으며, 예를 들어, SteamVR API는 VR 애플리케이션이 다양한 VR 하드웨어와 통신할 수 있도록 지원한다.

- **코드 개발**Code Development: C#, C++, Python 등 적절한 프로그래밍 언어를 사용하여 애플리케이션 로직을 구현한다.

6.1.4 테스트 단계

테스트 단계에서는 개발된 애플리케이션을 다양한 시나리오에서 검증하고, 버그를 수정하며, 사용자 경험을 최적화한다. AR과 VR은 사용자 몰입도가 높기 때문에, 테스트 과정에서 사용자 피드백을 적극 반영하는 것이 특히 중요하다.

- **기능 테스트**Functionality Testing: 모든 기능이 의도대로 작동하는지 확인한다.
- **사용성 테스트**Usability Testing: 실제 사용자들을 대상으로 인터페이스의 직관성과 사용성을 평가한다.
- **성능 테스트**Performance Testing: 애플리케이션의 프레임 레이트, 지연 시간, 리소스 사용량 등을 측정하여 최적화한다.
- **호환성 테스트**Compatibility Testing: 다양한 하드웨어와 소프트웨어 환경에서 애플리케이션이 원활히 작동하는지 확인한다.

6.1.5 배포 및 유지보수 단계

배포 단계에서는 애플리케이션을 사용자들에게 제공하고, 유지보수 단계에서는 지속적으로 업데이트와 개선을 수행한다. AR과 VR 애플리케이션은 사용자 피드백을 반영하여 기능을 확장하고, 버그를 수정하며, 새로운 콘텐츠를 추가하는 것이 중요하다.

- **배포**Deployment: 애플 앱스토어, 구글 플레이, Oculus Store 등 다양한 플랫폼을 통해 애플리케이션을 배포한다.
- **유지보수 및 업데이트**Maintenance and Updates: 사용자 피드백을 바탕으로 정기적인 업데이트를 실시하여 새로운 기능을 추가하거나 기존 기능을 개선한다.
- **모니터링 및 분석**Monitoring and Analytics: 애플리케이션의 사용 데이터를 분석하여 사용자 행동을 이해하고, 개선점을 도출한다.

6.2 프로토타이핑 및 반복적 설계

AR과 VR 애플리케이션 개발에서는 프로토타이핑과 반복적 설계가 중요한 역할을 한다. 초기 프로토타입을 통해 아이디어를 시각화하고, 사용자 피드백을 반영하여 설계를 개선하는 과정을 반복함으로써 최적의 사용자 경험을 구현할 수 있다.

6.2.1 프로토타이핑 도구

AR과 VR 애플리케이션의 프로토타이핑 단계에서는 초기 아이디어를 빠르게 시각화하고 구현할 수 있는 다양한 도구를 활용한다. 대표적인 프로토타이핑 도구로는 Unity, Unreal Engine, Blender, Figma 및 Sketch 등이 있다.

Unity Prototyping은 AR/VR 프로토타이핑 분야에서 가장 널리 활용되는 도구로, 높은 접근성과 빠른 개발 주기를 제공한다. 특히, 유니티는 다양한 플랫폼 iOS, Android, Oculus 등과의 호환성이 뛰어나고, 방대한 에셋 스토어 Asset Store 를 통해 미리 제작된 템플릿과 3D 모델, 플러그인을 쉽게 사용할 수 있어 프로토타입을 빠르게 제작하는 데 유리하다. 또한 직관적인 C# 스크립팅을 지원하여 인터랙티브 콘텐츠 제작과 테스트를 신속하게 수행할 수 있다.

Unreal Engine Blueprints는 시각적 스크립팅 Visual

Scripting을 지원하는 프로토타이핑 도구로서, 프로그래밍 경험이 부족한 디자이너들도 쉽게 사용할 수 있다. 코드 작성 대신 노드 기반의 시각적 프로그래밍 방식으로 AR/VR 콘텐츠를 설계할 수 있으며, 고품질의 그래픽과 사실적인 물리 엔진 구현에 적합하여 보다 사실적인 프로토타입을 제작할 때 주로 활용된다.

Blender는 무료 오픈소스 3D 모델링 및 애니메이션 소프트웨어로, AR과 VR 프로토타입 제작 시 3D 모델과 애니메이션을 빠르게 제작하는 데 필수적인 도구이다. Blender는 모델링과 렌더링뿐 아니라 텍스처링, UV 매핑, 리깅과 같은 고급 3D 콘텐츠 제작 기능까지 폭넓게 제공하므로, 특히 개발 초기 단계에서 콘텐츠 아이디어를 시각화하고 간단히 테스트하기에 이상적이다.

Figma는 웹 기반의 디자인 협업 툴로서, 특히 AR 및 VR 인터페이스의 UI/UX 디자인 프로토타입 제작에 적합한 도구이다. 실시간 협업 기능을 통해 여러 명의 디자이너와 개발자가 동시 작업을 할 수 있으며, 벡터 기반의 세밀한 편집 기능과 인터랙티브 프로토타이핑 기능으로 사용자의 동선을 시뮬레이션할 수 있다. 또한, 다른 디자인 도구와의 연계를 위한 타사 플러그인을 활용해 더욱 유연한 작업 환경을 구축할 수 있다.

이러한 도구를 프로젝트의 성격과 개발팀의 능력 및 환경에 맞추어 선택하고 조합하여 사용하는 것이 바람직하다.

툴	특징
Unity Prototyping	빠른 프로토타입 제작, 높은 호환성, 에셋 스토어
Unreal Engine Blueprints	비주얼 스크립팅, 고급 그래픽, 프로그래밍 지식 불필요
Blender	무료 3D 모델링, 애니메이션, 렌더링 기능
Figma 및 Sketch	클라우드 협업, UI/UX 디자인, 인터랙티브 프로토타입

6.2.2 반복적 설계 프로세스

AR과 VR 애플리케이션은 사용자 경험이 성패를 결정하기 때문에, 개발 초기부터 사용자 피드백을 적극적으로 반영하여 설계를 반복적으로 개선하는 것이 매우 중요하다. 반복적 설계는 애자일 개발 방법론의 핵심 개념 중 하나로, 짧은 개발 주기를 통해 빠르게 프로토타입을 제작하고, 피드백을 얻은 후 이를 토대로 다음 설계를 개선하는 과정을 지속적으로 반복하는 방식을 의미한다.

반복적 설계를 수행할 때 필수적인 활동은 다음과 같다.

- **피드백 루프**Feedback Loop：사용자에게 초기 프로토타입을 제공한 후 인터뷰나 사용성 테스트 등을 통해 피드백을 수집한다. 이 과정에서 발견된 문제점과 개선사항을 분석하여 설계에 반영하고, 수정된 프로토타입을 다시 사용자에게 제공하여 개선된 점을 확인한다. 피드백 루프는 AR과 VR 환경처럼 사용성 평가가 복잡한 시스템의 설계에 매우 유용하다.

- **애자일 방법론**Agile Methodology：애자일 방법론을 AR과 VR 개발에 적용하면, 짧은 기간 스프린트 동안 특정 기능을 개발하고 테스트하여 빠르게 사용자 피드백을 수집하고 반영할 수 있다. 특히, AR과 VR 애플리케이션의 기술적 복잡성과 불확실성을 빠르게 관리하고 대응하기 위해 애자일 접근 방식이 유리하다.

- **버전 관리**Version Control：반복적 설계 과정에서 여러 팀원이 동시에 작업을 진행하다 보면 설계 변경 사항 관리에 어려움이 있을 수 있다. Git과 같은 버전 관리 도구를 활용하면 각 버전의 변경 사항을 명확히 기록하고, 팀원 간 충돌을 최소화하여 협업을 원활하게 할 수 있다. 또한, 버전 관리를 통해 이전 단계로 쉽게 돌아가거나 다양한 설계 옵션을 동시에 탐색할 수도 있다.

반복적 설계 프로세스는 특히 AR과 VR과 같은 신기술 분야에서 불확실성을 관리하는 데 뛰어난 효과를 발휘하며, 개발 초기 단계부터 지속적인 사용자 중심의 개선 활동을 통해 사용자에게 최적화된 몰입형 경험을 제공하는 데 핵심적인 역할을 수행한다.

이러한 프로토타이핑 도구와 반복적 설계 프로세스를 효과적으로 활용하면 AR 및 VR 애플리케이션 개발의 복잡성과 불확실성을 효과적으로 관리하고, 사용자 중심의 인터페이스와 콘텐츠를 제공하여 최적의 사용자 경험을 구현할 수 있을 것이다.

6.3 사용자 테스트 전략

AR과 VR 애플리케이션의 성공은 사용자 경험에 크게 의존하므로, 효과적인 사용자 테스트 전략을 수립하는 것이 중요하다. 사용자 테스트는 애플리케이션의 사용성을 평가하고, 문제점을 발견하며, 개선점을 도출하는 데 필수적이다.

특히 AR과 VR은 사용자와의 상호작용이 밀접하고 개인화된 경험을 중심으로 구성되어 있어 테스트 과정에서 실제 사용자의 피드백을 적극적으로 반영하는 것이 더욱 중요하다. 성공적인 사용자 테스트는 애플리케이션의 완성도를 높이고, 장기적으로 사용자 만족도를 향상시키는 데 핵심적인 역할을 수행한다.

6.3.1 사용성 테스트

사용성 테스트는 AR 및 VR 애플리케이션의 인터페이스와 사용자 상호작용 방식이 얼마나 사용자의 기대에 부합하는지를 평가하는 핵심적인 방법이다. 사용자가 애플리케이션과 직접 상호작용하는 과정에서 발견된 문제점을 분석하고, 직관성, 편의성, 효율성 등을 평가하여 사용자 경험을 개선하는 데 기여한다.

- **실제 환경 테스트** Real-world Testing : 실제 환경에서 사용자가 직접 AR/VR 애플리케이션을 사용하며, 현실과의 상호작용에서 발생할 수 있는 다양한 문제를 발견하고 평가하는 방식이다. 실제 환경에서의 테스트는 사용자가 현실적인 상황 속에서 겪는 어려움이나 혼란을 정확하게 발견하는 데 효과적이며, 특히 AR 애플리케이션에서는 현실 세계와 가상 요소 간의 자연스러운 결합을 검증하는 데 필수적이다.
- **사용자 인터뷰** User Interviews : 사용자 인터뷰는 AR/VR 애플리케이션 사용 이후 사용자의 의견과 피드백을 직접적으로 수집하는 방식이다. 이 과정에서 인터페이스의 직관성, 이해도, 사용의 용이성 등 정성

적 정보를 얻을 수 있으며, 인터뷰를 통해 수집된 의견은 UX 디자인을 정교화하는 데 중요한 기반 자료로 활용된다.

- **관찰 연구**Observational Studies : 사용자의 행동을 직접 관찰하여, 사용자가 인터페이스를 사용하는 과정에서 겪는 어려움이나 혼란을 발견하는 방식이다. 이는 사용자 인터뷰에서 파악하기 어려운 무의식적 행동이나 잠재된 문제점까지 파악할 수 있어 보다 심도 깊은 사용성 평가를 제공한다.

사용성 테스트 Usability Testing란?

사용성 테스트 Usability Testing는 실제 사용자가 애플리케이션이나 시스템을 사용하는 과정에서 경험하는 문제점과 개선점을 평가하여 제품의 사용 편의성과 효과성을 극대화하는 데 활용되는 테스트 기법이다. 특히 AR과 VR과 같은 몰입형 환경에서는 인터페이스와 사용자 간의 자연스러운 상호작용이 핵심이므로, 사용성 테스트가 필수적으로 이루어져야 한다.

주요 평가 항목으로는 다음과 같은 요소들이 있다.

- **학습 용이성**Learnability : 사용자가 인터페이스나 기능을 쉽게 배우고 이해할 수 있는 정도
- **효율성**Efficiency : 사용자가 애플리케이션을 통해 원하는 목표를 빠르고 효과적으로 달성할 수 있는지 여부

- **오류 빈도** Error Frequency : 사용 중 얼마나 자주 오류나 실수를 범하는지
- **만족도** Satisfaction : 사용자가 주관적으로 애플리케이션 사용 경험에 얼마나 만족하는지

실제 활용 사례:

예를 들어, VR 교육 애플리케이션을 개발할 때, 사용자가 가상 환경 내에서 강사의 안내 없이도 쉽게 학습 콘텐츠를 탐색할 수 있는지를 평가하는 과정이 사용성 테스트에 해당한다. AR 내비게이션 애플리케이션에서는 사용자들이 AR 지도와 안내 화살표를 보고 직관적으로 경로를 파악할 수 있는지를 검증하는 것이 중요하다.

6.3.2 A/B 테스트

A/B 테스트는 서로 다른 두 가지 이상의 디자인이나 기능을 사용자 그룹에 배포한 후, 성과를 측정하고 비교하여 최적의 디자인을 선택하는 기법이다. AR/VR 애플리케이션에서는 사용자의 몰입감, 효율성, 만족도 측면에서 가장 효과적인 인터페이스를 선별할 때 이 방법을 효과적으로 사용할 수 있다.

AR 및 VR 환경에서는 특정 인터페이스 요소^{예: 버튼 크기, 색상, 배치 등}, 콘텐츠 표현 방식, 사용자 상호작용 방식 등을 비교하여 사용자의 반응을 정량적으로 평가하고, 이를 통해 데이터를 기반으로 보다 나은 사용자 경험을 설계할 수 있다.

특히 A/B 테스트 결과를 분석할 때는 정성적 피드백뿐만 아니라 사용자의 행동 데이터를 기반으로 한 정량적 데이터 분석을 수행함으로써 객관적인 설계 의사결정을 내리는 것이 중요하다.

6.3.3 몰입도 평가

몰입도 평가는 AR/VR 경험의 핵심 요소인 몰입 상태를 사용자 관점에서 평가하고 검증하는 과정이다. 몰입도의 정확한 평가는 사용자 경험의 질적 수준을 결정하는 데 중요한 역할을 한다.

몰입도 평가를 위한 대표적인 도구로는 Ratan과 Hasler[2009]가 개발한 자기 현존감 척도 Self-Presence Questionnaire[17]가 있다. 이 척도는 사용자가 AR/VR 환경에서 느끼는 주관적 몰입 정도

---

17 Ratan과 Hasler[2009]가 개발한 자기 현존감을 측정하는 척도로 총 23문항으로 구성되어 있다.

를 평가하는 표준화된 도구로, AR/VR 환경 내에서 사용자가 얼마나 현실감과 몰입감을 느끼는지를 정량적으로 측정할 수 있다.

이 외에도 사용자의 생체 신호(뇌파, 심박수 등)를 활용한 생리학적 몰입도 측정법도 AR/VR 환경의 몰입도 평가에 활용될 수 있다. 이와 같은 종합적 접근은 AR/VR 애플리케이션이 사용자에게 최적의 몰입 경험을 제공하는지 객관적으로 평가하고, 사용자 경험 개선을 위한 중요한 데이터로 활용될 수 있다.

> **자기 현존감 척도 Self-Presence Questionnaire 란?**
>
> 자기 현존감 척도는 사용자가 가상현실 또는 증강현실 환경에서 느끼는 주관적 몰입감과 현실감을 측정하는 표준화된 평가 도구이다. Ratan과 Hasler[2009]가 개발한 이 척도는 총 23개 문항으로 구성되어 있으며, 사용자가 가상 환경 속에서 자신을 얼마나 생생하게 느끼고 인지하는지를 측정하는 데 활용된다.
>
> 이 척도의 주요 평가 영역은 다음과 같다.
> - 자기 인식 Self-awareness
> - 가상 환경 내 현실감 Realism
> - 환경과의 상호작용 Interaction with the Environment

자기 현존감 척도 Self-Presence Questionnaire 전체 문항

사용자는 각 항목을 1^{전혀 동의하지 않음}부터 5^{매우 동의함}의 Likert 척도로 평가한다. 이 척도는 총 23문항으로 구성되어 있으며, 문항의 예시는 다음과 같다.

1. 나는 가상 환경 내에서 실제로 존재하고 있다는 느낌을 받았다.
2. 나는 가상 환경에서 내 행동을 충분히 통제할 수 있다고 느꼈다.
3. 가상 환경 속 내 신체의 움직임은 실제 내 신체의 움직임처럼 느껴졌다.
4. 나는 가상 환경에서 주변의 물체나 사람과 상호작용하는 느낌을 받았다.
5. 가상 환경에서 내가 수행하는 작업이 실제 내가 수행하는 것처럼 느껴졌다.
6. 나는 가상 환경에서 나 자신을 현실과 거의 동일하게 느꼈다.
7. 나는 가상 환경에서의 경험을 통해 현실에서 느끼는 감정과 유사한 감정을 느꼈다.
8. 가상 환경 속 내 모습이 현실의 내 모습처럼 느껴졌다.
9. 가상 환경에서 나는 나 자신을 통제할 수 있었다.
10. 나는 가상 환경 속에서 내가 원하는 방식대로 움직일 수 있었다.
11. 가상 환경 속 나의 신체 움직임은 자연스러웠다.
12. 나는 가상 환경과 현실 환경 간의 차이를 거의 느끼지 못했다.
13. 나는 가상 환경 속에서 내가 원하는 것을 충분히 표현할 수 있었다.
14. 가상 환경에서 내가 하는 행동이 현실에서의 내 행동과 매우 유사하게 느껴졌다.
15. 나는 가상 환경 속에서 실제 존재감을 느꼈다.
16. 나는 가상 환경에서의 내 경험이 현실적인 경험과 매우 비슷하다고 느꼈다.
17. 가상 환경 속 내 행동이 현실 세계에서의 행동과 크게 다르지 않다고 느꼈다.
18. 가상 환경에서의 경험이 매우 생생하게 느껴졌다.
19. 나는 가상 환경 속에서 주변 환경과의 상호작용을 현실과 같은 방식으로 느꼈다.

> 20 나는 가상 환경 속에서 현실감을 느꼈다.
> 21 가상 환경에서의 내 경험이 진짜 내 경험처럼 느껴졌다.
> 22 나는 가상 환경 속에서 신체적 현존감을 강하게 느꼈다.
> 23 가상 환경 속에서의 행동과 경험이 실제 내 행동과 경험에 매우 가깝다고 느꼈다.
>
> 출처: Ratan, R., & Hasler, B. S.[2009]. Self-presence standardized: Introducing the Self-Presence Questionnaire[SPQ]. Proceedings of the 12th Annual International Workshop on Presence, 2009.

6.4 성능 최적화

AR과 VR 애플리케이션은 높은 몰입감과 자연스러운 상호작용을 제공하기 위해 매우 높은 수준의 성능이 요구된다. 성능 최적화란 애플리케이션의 반응 속도와 렌더링 품질, 리소스 사용 효율성 등을 개선하여, 사용자에게 부드럽고 쾌적한 경험을 제공하는 과정을 의미한다. AR과 VR은 실시간 렌더링과 데이터 처리에 대한 요구사항이 까다롭기 때문에 철저한 성능 최적화가 필수적이다.

성능 최적화를 위해 크게 프레임 레이트 최적화, 지연 시간 감소, 리소스 관리, 배터리 수명 연장 전략을 고려할 수 있다.

6.4.1 프레임 레이트 최적화

프레임 레이트Frame Rate는 화면이 초당 얼마나 자주 갱신되는지를 나타내는 단위이며, AR과 VR 경험에서 가장 중요한 기술적 요소 중 하나이다. 프레임 레이트가 낮을 경우 사용자는 시각적 불편감과 멀미를 경험할 수 있으며, 이는 사용자 경험 저하로 이어질 수 있다. 특히 VR은 사용자의 움직임을 직접 반영해야 하므로 90fps 초당 90프레임 이상의 높은 프레임 레이트가 권장되며, AR 환경에서는 최소 60fps 이상의 유지가 필요하다.

이를 위해, 먼저 렌더링 최적화 기법이 중요하게 사용된다. 실시간 렌더링 환경에서 성능을 확보하기 위해 폴리곤 수를 최적화하거나, 텍스처의 크기와 압축률을 조정하여 GPU의 부담을 최소화할 필요가 있다. 또한, LOD Level of Detail, 단계별 세부묘사[18] 기법을 활용하면 멀리 있는 객체를 낮은 해상도로 처리하고 가까운 객체에만 높은 디테일을 부여하는 방식으로 성능과 시각적 품질 간의 균형을 유지할 수 있다.

---

[18] LOD Level of Detail, 단계별 세부묘사 란 사용자의 시점으로부터 객체까지의 거리에 따라 모델이나 텍스처의 세부 표현 수준을 다르게 렌더링하는 기법이다. 사용자가 객체에서 멀리 떨어져 있을수록 객체의 세부 사항을 줄여 렌더링 부담을 최소화하고, 가까이 접근할수록 세부 사항을 높여 보다 현실감 있는 표현을 제공한다. AR 및 VR과 같은 실시간 렌더링 환경에서 성능 최적화에 필수적인 기술이다.

프레임 레이트 최적화 전략
- **높은 프레임 레이트 유지:** VR은 최소 90fps 이상, AR은 60fps 이상 유지
- **그래픽 최적화:** 폴리곤 수 최소화, 텍스처 압축, LOD 기법 활용

6.4.2 지연 시간 감소

지연 latency 은 사용자가 수행한 입력과 화면의 반응 사이에 발생하는 시간적 차이를 의미한다. AR과 VR에서는 지연 시간이 길어지면 사용자가 인터페이스의 자연스러운 반응성을 느끼기 어려워지고, 현실감이 떨어져 몰입감이 저하될 수 있다.

이를 방지하기 위해 저지연 렌더링 기술 Low-latency rendering 을 적용하여 입력과 출력 사이의 시간을 최소화하는 방법이 주로 사용된다. 예를 들어 VR에서 사용자의 머리 움직임을 즉각적으로 반영하지 못하면 멀미가 발생할 수 있다. 따라서, 입력 데이터를 처리한 후 즉시 화면에 반영할 수 있도록 렌더링 파이프라인을 최적화해야 한다. 또한, 클라우드 기반의 AR과 VR 애플리케이션에서는 엣지 컴퓨팅 Edge computing 과 고속 네트워크 예: 5G 의 활용을 통해 데이터를 실시간으로 처리하고 전달하는 방식을 채택하여 전송 지연을 최소화할 수 있다.

지연 시간 최적화 전략
- 저지연 렌더링 기술 적용
- 엣지 컴퓨팅 및 고속 네트워크[5G]를 통한 데이터 처리 효율화

6.4.3 리소스 관리

　AR과 VR 애플리케이션은 그래픽 렌더링, 실시간 인터랙션, 데이터 처리를 동시에 수행하므로 리소스 관리가 중요하다. 효율적인 메모리 관리로 메모리 누수를 방지하고, 자원 사용량을 최소화해야 한다. 특히 멀티코어 프로세서를 활용한 병렬 처리 및 멀티스레딩 기술을 적극적으로 활용하면 여러 프로세스가 독립적으로 동시에 처리되므로 CPU의 부담을 덜고 효율성을 높일 수 있다. 이를 통해 렌더링, 물리적 시뮬레이션, 사용자 입력 처리 등 다양한 작업을 효과적으로 수행할 수 있다.

6.4.4 배터리 수명 연장 모바일 AR의 경우

　모바일 AR 애플리케이션의 경우 배터리 수명 관리가 성능

최적화만큼 중요하다. 배터리 사용량이 지나치게 많으면 사용자는 앱 사용에 불편함을 느끼고 결국 서비스 사용을 중단할 수 있다. 따라서 전력 효율을 높이는 코드 작성이 필수적이며, 불필요한 연산을 최소화하여 CPU 및 GPU의 에너지 소모를 줄일 수 있도록 해야 한다.

또한 모바일 애플리케이션에서 배터리 수명을 효율적으로 관리하기 위해 사용자가 선택할 수 있는 저전력 모드^{배터리 절약 모드}를 제공하는 것도 좋은 방법이다. 저전력 모드는 그래픽 해상도, 화면 밝기, 프레임 레이트 등을 일시적으로 낮추거나 일부 기능을 제한하여 전력 소모를 줄이고 사용 시간을 연장할 수 있다. 특히 위치 기반 AR 서비스나 장시간 사용이 예상되는 애플리케이션의 경우, 사용자의 배터리 사용량을 모니터링하여 상황에 따라 성능을 자동으로 조정하는 적응형 저전력 모드^{Adaptive low-power mode}를 구현하면 더욱 효과적일 수 있다.

배터리 수명 연장 전략

- **전력 효율적인 코드 작성:** 불필요한 연산 최소화
- **적응형 저전력 모드 구현:** 상황에 따라 자동으로 성능과 기능을 조정하여 배터리 사용 효율성 극대화

6.5 기술적 도전 과제 및 해결 방안

AR과 VR 애플리케이션은 혁신적인 사용자 경험을 제공하는 한편, 기술적 복잡성과 다양한 제약 조건으로 인해 개발 과정에서 여러 도전 과제를 마주하게 된다. 이 도전 과제들은 주로 하드웨어의 성능 제한, 플랫폼 간의 호환성 문제, 사용자 건강과 안전성 문제, 데이터 보안과 프라이버시 이슈로 요약할 수 있다. 성공적인 AR 및 VR 애플리케이션을 개발하기 위해서는 이러한 도전 과제를 명확히 이해하고, 그에 따른 구체적이고 혁신적인 해결 방안을 마련해야 한다.

6.5.1 하드웨어 제한

AR과 VR 애플리케이션은 높은 수준의 성능과 그래픽 처리 능력을 필요로 한다. 하지만 모바일 및 보급형 헤드셋과 같은 저사양 디바이스에서는 하드웨어 성능의 한계로 인해 높은 품질의 콘텐츠 제공이 어려운 경우가 많다. 이는 사용자 경험을 저하시키고 결과적으로 몰입감을 떨어뜨릴 수 있다.

이를 극복하기 위해서는 그래픽 최적화와 데이터 처리 효율성을 높이는 기술이 필수적이다. 구체적인 전략으로는 복잡한 3D 모델을 경량화하거나 폴리곤 수를 줄이고, 텍스처 압축을 통해 GPU의 부하를 낮추는 것이 있다. 또한, 클라우드 기반 렌더링 기술을 도입하여 고성능의 작업을 클라우드 서버에서 처리하고, 사용자의 디바이스에는 렌더링 결과만 전달함으로써 저사양 디바이스에서도 높은 품질의 콘텐츠를 제공할 수 있다. NVIDIA의 CloudXR 기술이나 Microsoft Azure Remote Rendering 서비스는 이러한 기술적 제약을 효과적으로 해결하는 대표적인 사례이다.

6.5.2 플랫폼 호환성

AR과 VR 애플리케이션 개발 시 직면하는 또 다른 도전 과제는 다양한 플랫폼 간의 호환성 문제이다. iOS, Android와 같은 모바일 플랫폼과 Oculus Quest, HTC Vive와 같은 VR 전용 플랫폼 간의 기술적 차이로 인해 동일한 경험을 제공하기 어려운 경우가 많다.

플랫폼 호환성 문제의 해결을 위해 유니티Unity 또는 언리얼 엔진Unreal Engine과 같은 크로스 플랫폼 게임 엔진을 활용할 수 있다. 이 도구들은 다양한 플랫폼에서 공통된 코드 베이스로 개발을 가능하게 하고, ARKit, ARCore, Oculus

SDK 등 플랫폼별 SDK 및 API를 효과적으로 통합하여 보다 원활한 경험을 제공한다. 크로스 플랫폼 개발은 비용 절감뿐 아니라 유지보수 효율성도 높일 수 있어 장기적인 관리 측면에서도 유리하다.

6.5.3 사용자 안전 및 편안함

AR 및 VR 환경에서는 사용자의 안전성과 편안함이 매우 중요하다. 특히 VR 헤드셋은 사용자의 시야를 완전히 차단하고 가상 환경으로 몰입시키기 때문에 장시간 사용 시 사용자는 시각적 피로감, 멀미, 어지럼증 등의 문제를 겪을 수 있다. AR 역시 현실과 디지털 콘텐츠 간의 부자연스러운 결합은 사용자의 인지적, 신체적 피로를 가중시킬 수 있다.

이러한 문제를 최소화하기 위해 디자인 단계에서부터 사용자 친화적인 인터페이스 설계가 필요하다. 사용자가 가상 환경에서 자연스럽게 움직일 수 있도록 적절한 시야각 FOV, Field of View을 제공하고, 부드러운 화면 전환과 움직임을 구현해야 한다. Oculus의 「Comfort Rating」이나 HTC Vive의 「Chaperone 시스템」처럼 사용자의 편안함을 고려한 설계를 도입하면 신체적, 인지적 피로를 상당히 완화할 수 있다. 또한 주기적인 휴식을 권장하는 알림 기능과 같은 예방적 기능을 제공하는 것도 좋은 전략이다.

6.5.4 데이터 보안 및 프라이버시

AR 및 VR 애플리케이션은 사용자의 위치 정보, 생체 정보, 행동 데이터와 같은 민감한 정보를 수집하는 경우가 많다. 특히 AR 서비스는 사용자의 실제 환경과 밀접히 결합되기 때문에 프라이버시 침해 위험이 높아 데이터 보안이 매우 중요하다.

데이터 보안 및 프라이버시 보호를 강화하기 위해서는 데이터 암호화, 데이터 접근 제한, 최소한의 데이터 수집 정책을 준수해야 한다. 사용자에게 명확한 동의를 받는 절차를 통해 투명성을 확보하고, 데이터 처리 과정을 사용자에게 공개함으로써 신뢰를 높일 수 있다. 최근에는 블록체인과 같은 분산 원장 기술을 활용하여 데이터를 투명하게 관리하고 사용자의 개인 정보 보호를 강화하는 사례도 증가하고 있다. 예를 들어 Decentraland와 같은 메타버스 플랫폼에서는 블록체인을 통해 사용자의 콘텐츠 소유권과 거래 정보를 투명하게 관리하여 데이터 신뢰성과 보안을 높이고 있다.

6.6 사례 연구: 성공 및 실패 요인

AR과 VR 기술이 급속히 발전하면서 이를 적용한 다양한 애플리케이션이 등장하고 있지만, 모두가 성공적으로 자리 잡은 것은 아니다. 여기서는 대표적인 성공 사례와 실패 사례를 제시하고, 각 사례에서 도출할 수 있는 교훈을 분석한다.

6.6.1 성공 사례: Snapchat AR 필터

Snapchat은 증강현실 기술을 효과적으로 활용한 대표적인 성공 사례 중 하나이다. 특히 얼굴 인식 기반의 AR 필터는 사용자가 실시간으로 다양한 시각적 효과와 상호작용할 수 있는 혁신적이고 흥미로운 콘텐츠를 제공하여 큰 인기를 끌었다.

Snapchat AR 필터가 성공한 핵심적인 요인 중 첫 번째는 직관적 인터페이스이다. Snapchat의 필터는 별도의 학습 과정 없이도 사용자가 즉각적으로 사용 방법을 이해하고 콘텐츠를 창의적으로 활용할 수 있도록 디자인되었다. 이 직관성은 특히 사용자의 기술적 숙련도와 관계없이 전 연령층에게 높은 호응을 얻는 데 결정적 역할을 했다.

두 번째 성공 요인은 다양한 필터 콘텐츠의 지속적인 제공과 업데이트이다. Snapchat은 단순히 AR 기술을 적용하는 것을 넘어, 계절이나 특정 기념일과 같은 시의성 있는 이벤트에 맞추어 지속적으로 새로운 필터를 제공함으로써 사용자의 지속적 참여를 이끌었다. 예를 들어 할로윈, 크리스마스 등 특정 시기에 맞춰 사용자의 관심과 흥미를 유지하는 전략이 사용자의 재방문과 지속적 이용을 유도하였다.

세 번째 성공 요인은 소셜 공유 기능을 효과적으로 연계했다는 점이다. Snapchat의 필터를 이용하여 만든 콘텐츠를 다른 소셜 네트워크로 손쉽게 공유할 수 있는 기능은 바이럴 마케팅 효과를 극대화했다. 이는 Snapchat의 사용자를 증가시키는 데 기여했으며, 결과적으로 브랜드의 인지도와 시장 점유율 확대에도 긍정적인 영향을 미쳤다.

마지막으로 Snapchat AR 필터는 기술적으로도 탁월한 실시간 반응성 Real-time Responsiveness 을 갖추었다. 정확한 얼굴 인식 알고리즘과 실시간 렌더링 기술을 적용하여, 사용자에게 즉각적이고 몰입감 높은 경험을 제공했다. 이는 사용자들이 콘텐츠에 빠져들게 하고 지속적인 사용을 유도하는 핵심 요소가 되었다.

이러한 Snapchat 사례는 AR 기술이 사용자 중심적 디자인, 소셜 연계, 기술적 완성도의 세 가지 요소를 갖추었을 때 성공적으로 확산될 수 있다는 점을 명확히 보여 주었다.

6.6.2 실패 사례: Magic Leap One

Magic Leap One은 초기 출시 전부터 혁신적인 AR 기술과 높은 성능을 예고하며 업계의 기대를 모았던 AR 헤드셋이었다. 그러나 실제 시장에 출시된 후 상업적 성과는 기대 이하였으며, 여러 가지 기술적, 전략적 이유로 인해 시장에서 실질적인 성공을 거두지 못했다.

Magic Leap One의 가장 큰 실패 원인은 높은 가격 전략으로 인한 낮은 시장 접근성이다. 출시 당시 약 2,300달러 USD에 달하는 높은 가격은 소비자들이 쉽게 접근할 수 없게 만들었으며, 이에 따라 일반 소비자 시장에 침투하지 못하고 제한된 기업 시장으로 국한되는 결과를 초래했다.

두 번째 문제는 하드웨어 디자인의 불편함이다. Magic Leap One은 혁신적인 AR 경험 제공을 목표로 했으나, 헤드셋이 무겁고 착용감이 불편해 사용자의 장시간 몰입을 어렵게 만들었다. 이는 사용자 피로도를 증가시키고 장시간 착용을 꺼리게 하는 요소로 작용했다.

세 번째 문제점으로 콘텐츠 생태계의 부족이 있다. 초기 제품 출시 시점에 사용할 수 있는 애플리케이션과 콘텐츠가 극히 제한적이었기 때문에 소비자들은 제품을 구매한 뒤에도 이를 활용할 만한 콘텐츠 부족 문제에 직면했다. 이는 초기 사용자의 기대를 충족시키지 못하는 결과를 가져왔고, 지속적인 이용과 몰입을 어렵게 만드는 근본적 원인이 되었다.

네 번째 문제는 기술적 완성도의 부족이다. 초기 모델은 시야각이 제한적이었으며 FOV가 매우 좁음, 현실과 가상의 경계가 부자연스럽고, 광학 렌즈의 결함으로 인해 사용자가 기대했던 높은 몰입감을 제공하지 못했다. 사용자의 초기 기대가 매우 높았기 때문에 이 기술적 한계가 부정적인 평가로 빠르게 이어졌다.

마지막으로 시장 타이밍의 부적절함도 실패 요인으로 작용했다. Magic Leap은 아직 AR 시장이 충분히 성숙하지 않은 상황에서 고급형 하드웨어를 지나치게 이른 시점에 출시했다. 이로 인해 AR 제품에 대한 일반 소비자들의 인지와 수용도가 충분히 형성되지 않은 상태에서 지나치게 높은 가격과 한정적인 콘텐츠로 제품을 내놓았기 때문에 시장에서 받아들여지기 어려웠다.

이 사례를 통해 다음과 같은 명확한 교훈을 얻을 수 있다.

- 가격은 소비자 접근성과 직결되는 핵심 요소로서, 초기 제품 출시 시 경쟁력을 갖추기 위해 합리적인 가격 책정이 중요하다.
- 사용자 친화적인 디자인과 착용감은 필수적이며, 하드웨이 설계 단계부터 사용자 편의성을 최우선으로 고려해야 한다.
- 제품 출시 초기부터 충분한 양의 콘텐츠와 풍부한 생태계를 마련하여 사용자들이 제품을 지속적으로 활용할 수 있도록 지원해야 한다.
- 기술적 완성도 및 현실감을 충분히 테스트하고 검증한 후 제품을 출시하여 사용자들의 초기 기대치를 충족시켜야 한다.
- 시장 성숙도와 사용자 요구를 신중히 분석하여 적절한 출시 타이밍을 선택하고, 이에 맞추어 마케팅 전략과 가격 정책을 설정하는 것이 필요하다.

6.7 최신 기술과 트렌드의 통합

AR과 VR 기술은 빠르게 발전하고 있으며, 최신 기술과 트렌드를 애플리케이션 개발에 통합하는 것이 중요하다. 다음은 최신 기술과 트렌드의 몇 가지 예시와 이를 AR/VR 애플리케이션에 통합하는 방법이다.

6.7.1 인공지능^{AI}과 머신러닝

AI와 머신러닝은 AR 및 VR 애플리케이션을 보다 지능적이고 사용자 중심적으로 발전시키는 핵심 기술로 자리 잡고 있다. 최근 AI 기술의 발전은 사용자 경험을 개선하고, 상호작용을 자연스럽게 만들며, 실시간 데이터 분석을 가능하게 한다. AI는 사용자의 행동을 학습하고, 패턴을 분석하며, 개인화된 환경을 제공하는 데 중요한 역할을 한다.

AI는 AR/VR 환경에서 여러 방식으로 활용될 수 있다. 예를 들어, AI 기반의 가상 비서는 사용자의 음성 명령을 이해하고, 실시간으로 피드백을 제공할 수 있다. Apple의 Siri나 Google Assistant 같은 가상 비서는 AR 애플리케이션과 연계되어 사용자의 환경을 분석하고 적절한 가이드를 제공할 수 있다.

AI의 또 다른 중요한 역할은 객체 인식 및 환경 분석이다. 예를 들어, Google Lens는 사용자가 카메라를 통해 사물을 비추면 AI가 이를 분석하고 관련 정보를 제공하는 방식으로 작동한다. AR 애플리케이션에서 AI는 현실 세계의 객체를 인식하여 증강 정보를 오버레이하거나, 사용자의 제스처를 인식하여 자연스러운 상호작용을 가능하게 한다.

머신러닝은 사용자의 행동 데이터를 분석하고, 개인화된 경험을 제공하는 데 중요한 역할을 한다. 예를 들어, AI는 사용자의 행동 패턴을 학습하여 AR 게임에서 난이도를 자동으로 조정하거나, VR 교육 시스템에서 개인의 학습 속도에 맞춰 콘텐츠를 조정할 수 있다. AI가 실시간으로 사용자 피드백을 분석하고 환경을 최적화하면, 보다 직관적이고 몰입감 있는 경험을 제공할 수 있다.

또한, AI는 실시간 시뮬레이션을 통해 AR 환경의 현실감을 더욱 강화할 수 있다. AI 기반의 물리 엔진은 가상 객체가 현실의 물리 법칙을 따르도록 만들며, 예를 들어 AR 기반 인테리어 디자인 애플리케이션에서 가구의 그림자가 현실적인 조명 조건에 맞춰 변하도록 조정할 수 있다.

앞으로 AI는 AR과 VR의 핵심 기술로 더욱 발전할 것이며, 이를 통해 보다 자연스럽고 몰입감 있는 사용자 경험을 제공할 수 있을 것이다.

6.7.2 클라우드 컴퓨팅과 엣지 컴퓨팅

- **클라우드 기반 렌더링:** 복잡한 그래픽을 클라우드에서 처리하여 사용자 디바이스의 성능 부담을 줄이고, 더 높은 품질의 그래픽을 제공한다.
- **엣지 컴퓨팅 활용:** 데이터 처리와 분석을 사용자 가까운 엣지 서버에서 수행하여 실시간 반응성을 높이고, 데이터 전송 지연을 최소화한다.

6.7.3 블록체인과 데이터 보안

블록체인은 AR/VR 콘텐츠의 디지털 소유권을 관리하고, 사용자 데이터를 안전하게 보호하는 데 중요한 역할을 할 수 있다. 블록체인은 분산 원장 기술(Distributed Ledger Technology, DLT)을 활용하여 데이터의 투명성과 무결성을 보장하며, 중앙 서버 없이도 안전한 데이터 저장과 관리를 가능하게 한다.

AR/VR 애플리케이션에서 블록체인은 다음과 같은 방식으로 활용될 수 있다.

- **디지털 자산의 소유권 관리:** AR/VR 환경에서 생성된 가상 아이템이나 콘텐츠의 소유권을 보장할 수 있다. 예를 들어, NFT(대체 불가능한 토큰) 기술을 활용하면 사용자가 소유한 AR 가상 아이템을 블록체인을 통해 인증할 수 있다.
- **보안성 강화:** 블록체인은 데이터를 탈중앙화하여 해킹 위험을 줄이고, 데이터 조작을 방지할 수 있다.
- **마이크로 트랜잭션 지원:** AR/VR 내에서 소액 결제와 디지털 자산 거래를 안전하고 효율적으로 처리하는 기술이다. 마이크로 트랜잭션은 주로 게임 및 가상 환경 내에서 아이템 구매, 디지털 콘텐츠 구독, NFT 거래 등 다양한 방식으로 활용된다. 특히 블록체인 기술을 접목하면 중개자 없이 스마트 계약을 활용하여 안전한 결제가 가능하며,

사용자 간의 직접적인 거래가 이루어질 수 있다. 예를 들어, Meta의 VR 플랫폼 'Horizon Worlds'에서는 사용자가 가상 아이템을 구매하고 판매할 수 있는 마켓플레이스를 제공하며, 이를 통해 크리에이터들이 직접 수익을 창출할 수 있도록 지원한다. 또한, 블록체인 기반의 NFT 거래 시스템을 통해 사용자들이 희소성이 있는 디지털 아이템을 소유하고 교환할 수 있는 환경이 조성되고 있다.

출처: Pixabay

6.7.4 사물인터넷IoT과의 연계

AR/VR 기술과 사물인터넷IoT의 결합은 스마트 환경을 더욱 혁신적으로 변화시키는 핵심 요소 중 하나로 자리 잡고 있다. IoT 디바이스는 수많은 센서와 네트워크를 통해 실시간 데이터를 수집하고 이를 다양한 애플리케이션과 연계할 수 있도록 한다. AR/VR 기술이 이러한 데이터를 직관적으로 시각화하여 제공함으로써, 사용자는 보다 효율적이고 몰입적인 방식으로 정보를 활용할 수 있다. 특히 스마트 홈, 스마트 시티, 산업 자동화, 헬스케어 등 다양한 분야에서 AR/VR과 IoT의 결합이 이루어지고 있으며, 이러한 통합이 사용자 경험을 어떻게 향상시키는지에 대한 연구가 활발히 진행되고 있다.

스마트 환경과의 통합 측면에서, IoT 디바이스는 가정 내 다양한 스마트 기기들과 연계되어 AR/VR 애플리케이션이 보다 직관적인 방식으로 환경을 제어하고 상호작용할 수 있도록 한다. 예를 들어, AR 기술을 활용하여 스마트 홈 시스템을 관리하는 경우, 사용자는 AR 인터페이스를 통해 가상 환경에서 조명을 조절하거나, 냉난방 시스템을 변경하는 등의 작업을 직관적으로 수행할 수 있다. 이러한 방식은 기존의 모바일 애플리케이션 기반의 스마트 홈 시스템보다 더 높은 직관성과 몰입감을 제공하며, 사용자의 편의성을 극대화할 수 있다. 또한, 스마트 시티에서는 도시의 교통 흐름, 공기 질, 에너지 사용 데이터를 실시간으로 시각화하여 시민들이 더욱 직관적으로 정보를 이해하고 활용할 수 있도록 지원한다.

실시간 데이터 피드백 기능은 IoT 센서를 활용하여 AR/VR 애플리케이션 내에서 즉각적인 정보를 제공하는 중요한 요소이다. 예를 들어, 공장이나 제조업 환경에서는 IoT 센서를 통해 기계의 작동 상태, 온도, 습도 등의 정보를 실시간으로 수집하고 이를 AR 디스플레이를 통해 작업자에게 제공함으로써 유지보수와 관리의 효율성을 극대화할 수 있다. 또한, 의료 분야에서는 스마트 웨어러블 디바이스와 연계하여 환자의 심박수, 혈압, 혈당 수치 등을 AR 인터페이스를 통해 의료진에게 실시간으로 제공할 수 있으며, 이를 통해 보다 정밀한 진단과 치료가 가능해진다.

더 나아가, AR/VR과 IoT의 융합은 원격 협업과 교육 분야에서도 중요한 역할을 한다. 예를 들어, 원격 유지보수나 기술 지원이 필요한 경우, IoT 장치가 수집한 실시간 데이터를 VR 환경에서 시각화함으로써, 원격 전문가가 현장 엔지니어에게 보다 정확한 지침을 제공할 수 있다. 또한, 교육 분야에서는 스마트 교실과 연계하여 학생들이 IoT 장치를 통해 실험 데이터를 직접 측정하고, 이를 AR/VR 환경에서 시뮬레이션하여 학습 효과를 극대화할 수 있다.

결론적으로, AR/VR과 IoT의 연계는 단순한 기술적 융합을 넘어 사용자 경험을 획기적으로 변화시키고 있으며, 스마트 환경의 효율성과 직관성을 극대화하는 중요한 요소로 자리 잡고 있다. 앞으로의 발전 방향은 보다 정교한 데이터 분석 및 시각화 기술을 활용하여 더욱 향상된 사용자 경험을 제공하는 데 집중될 것이다.

- **스마트 환경과의 통합:** IoT 디바이스와 연계하여 AR/VR 애플리케이션이 스마트 홈, 스마트 시티 등과 상호작용할 수 있게 한다.
- **실시간 데이터 피드백:** IoT 센서를 통해 실시간 데이터를 수집하고, 이를 AR/VR 애플리케이션에서 시각화하여 사용자에게 유용한 정보를 제공한다.

출처: Pixabay

6장에서는 AR과 VR 애플리케이션의 개발 프로세스, 프로토타이핑 및 반복적 설계, 사용자 테스트 전략, 성능 최적화, 기술적 도전 과제 해결 방안, 성공 및 실패 사례 연구, 최신 기술과의 통합에 대해 심도 있게 설명하였다. AR과 VR 애플리케이션 개발은 기술적 복잡성과 높은 사용자 기대치를 충족시켜야 하는 도전적인 작업이지만, 체계적인 개발 방법론과 최신 기술의 통합을 통해 성공적인 애플리케이션을 구현할 수 있다. 이러한 방법론과 사례 연구는 개발자들이 AR과 VR 분야에서 혁신적인 솔루션을 창출하고, 사용자에게 뛰어난 몰입형 경험을 제공하는 데 중요한 지침이 될 것이다.

7장

**사용자
상호작용과
내비게이션 디자인**

7장 | 사용자 상호작용과 내비게이션 디자인

 AR과 VR 시스템에서 사용자 상호작용과 내비게이션 디자인은 기술적 성능뿐만 아니라 사용자 경험의 성공을 좌우하는 중요한 요소다. 이 기술들은 가상공간에서 사용자가 얼마나 효율적이고 직관적으로 상호작용할 수 있는지에 직접적인 영향을 미친다. 사용자 상호작용은 제스처 기반 입력, 음성 명령, 그리고 하이브리드 인터페이스와 같은 다양한 방식으로 발전하고 있으며, 내비게이션은 사용자가 가상 환경에서 자연스럽게 탐색할 수 있도록 최적화되어야 한다. 이러한 기술적 발전은 사용자 피로도를 줄이고, 몰입감을 증대시키며, 가상 경험을 더욱 매끄럽게 만들어 준다.

AR/VR 시스템에서 내비게이션 디자인 Navigation Design **이란?**

사용자가 가상 환경이나 디지털 인터페이스 내에서 원하는 콘텐츠나 공간을 쉽고 효율적으로 탐색하고 이동할 수 있도록 설계하는 것을 의미한다.

AR과 VR 환경에서 내비게이션 디자인은 사용자가 가상 세계에서 어디에 위치하고 있으며, 어떻게 목적지까지 도달할 수 있는지를 명확하게 인지하도록 돕는다. 예를 들어, VR 게임이나 가상 쇼핑몰에서 사용자가 원하는 아이템을 찾거나 특정 장소로 이동하는 경로를 직관적으로 안내하는 것이 내비게이션 디자인의 역할이다.

즉, 내비게이션 디자인은 사용자가 가상 환경에서 목적한 콘텐츠나 장소로 쉽게 도달할 수 있도록 지원하며, 이는 궁극적으로 사용자 경험UX의 만족도와 밀접하게 연결된다.

7.1 제스처 기반 상호작용 설계

제스처 기반 상호작용은 AR과 VR 기술의 중요한 요소 중 하나로, 사용자가 손이나 신체 움직임을 통해 가상 환경과 상호작용할 수 있게 해 준다. 이 기술은 다양한 센서, 카메라, 그리고 AI 기반의 동작 인식 알고리즘에 의해 구현되며, 이러한 기술들은 점점 더 정교하고 자연스러운 상호작용을 지원한다.

7.1.1 동작 인식 기술

현재 동작 인식 기술은 카메라 기반의 3D 깊이 센서, 적외선 카메라, 그리고 AI 알고리즘을 통해 사용자 움직임을 감지한다. 대표적인 동작 인식 기술로는 Microsoft의 Kinect와 Leap Motion, Meta의 Quest Pro의 손 추적 시스템이 있다. 이 기술들은 사용자의 손가락 움직임, 손의 위치, 그리고 팔의 움직임까지 정밀하게 추적하여 가상 객체를 조작하거나 가상 메뉴를 선택할 수 있도록 한다.

7.1.2 제스처 기반 상호작용의 설계 원칙

제스처 기반 상호작용을 설계할 때는 사용자의 피로도를 최소화하고, 직관적인 경험을 제공하는 것이 중요하다. 예를 들어, 사용자가 손을 길게 들고 있거나 움직임을 계속 반복해야 하는 경우 피로감이 발생할 수 있으므로, 최소한의 손 동작으로도 복잡한 상호작용을 처리할 수 있도록 설계해야 한다. 또한, 사용자에게 익숙한 동작을 사용하는 것이 중요하다. 예를 들어, 물건을 잡는 동작이나 클릭하는 동작처럼 현실 세계에서 자주 사용하는 동작을 가상 환경에서도 사용할 수 있도록 해야 한다.

7.1.3 머신러닝을 통한 동작 인식

머신러닝 기술을 활용한 동작 인식은 사용자 행동을 학습하고, 사용자의 움직임에 맞춰 더 정확한 동작 인식과 반응을 제공할 수 있다. 예를 들어, AI는 사용자의 동작 패턴을 학습하여 보다 자연스럽고 신속하게 반응할 수 있으며, 사용자가 미세한 움직임으로도 복잡한 작업을 수행할 수 있게 한다. 이러한 기술들은 AR/VR의 사용자 경험을 획기적으로 개선할 가능성을 가지고 있다.

7.2 음성 명령과 하이브리드 인터페이스 통합

음성 명령은 AR과 VR 기술의 중요한 상호작용 요소로, 사용자가 손을 사용하지 않고도 가상 환경과 소통할 수 있도록 해 준다. 음성 인식 기술은 자연어 처리[NLP][19]와 결합하여, 사용자의 명령을 이해하고 이에 따라 적절한 행동을 실행할 수 있게 한다.

7.2.1 음성 인식 기술

현재의 음성 인식 기술은 딥러닝을 기반으로 한 자연어 처리[NLP]를 사용하여, 사용자의 음성 명령을 인식하고 해석한다. 대표적인 음성 인식 기술로는 구글 어시스턴트[Google Assistant], 아마존 알렉사[Amazon Alexa], 애플 시리[Apple Siri] 등이 있으며, 이러한 기술들은 AR/VR 환경에서 음성 명령을 통한 내비게이션과 제어를 가능하게 한다.

---

19 자연어 처리[NLP, Natural Language Processing]는 컴퓨터가 인간의 언어를 이해하고 처리할 수 있도록 하는 인공지능[AI]의 한 분야이다. NLP는 텍스트 및 음성 데이터를 분석하고 해석하며, 기계 번역, 감성 분석, 질의응답 시스템, 자동 요약, 음성 인식 등 다양한 응용 분야에서 활용된다. 이를 위해 형태소 분석, 구문 분석, 의미 분석, 문맥 이해와 같은 기술이 사용되며, 최근에는 딥러닝과 대규모 언어 모델[LLM]의 발전으로 더욱 정교한 자연어 처리 기술이 가능해지고 있다.

7.2.2 하이브리드 인터페이스

하이브리드 인터페이스는 제스처, 음성 명령, 물리적 컨트롤러 등을 결합하여 사용자에게 더욱 유연하고 직관적인 상호작용 방식을 제공한다. 예를 들어, 사용자는 손을 사용해 가상 물체를 선택한 후, 음성 명령으로 해당 물체에 명령을 내리거나, 물리적 컨트롤러를 사용해 더 정밀한 조작을 할 수 있다. 이러한 멀티모달 인터페이스는 사용자의 필요에 맞춰 상호작용 방식을 선택할 수 있게 하여, 사용성을 극대화할 수 있다.

7.2.3 음성 명령의 한계와 해결 방안

음성 인식 기술은 배경 소음이 많거나 사용자 발음이 명확하지 않을 경우 정확도가 떨어질 수 있다. 이를 해결하기 위해 음성 명령을 제스처와 결합하여 보완하거나, 음성 인식 정확도를 높이기 위한 노이즈 제거 기술과 개인 맞춤형 음성 인식 모델을 개발하는 것이 필요하다. 또한, 사용자가 의도한 명령을 쉽게 전달할 수 있도록 자연어 처리 기술을 지속적으로 발전시켜야 한다.

7.3 내비게이션 패턴과 사용자 흐름 최적화

AR과 VR 환경에서의 내비게이션은 사용자가 가상 세계에서 자유롭게 이동하고 상호작용할 수 있도록 돕는 핵심 요소이다. 내비게이션 패턴을 설계할 때는 사용자가 공간에서 방향을 잃지 않고 목표에 빠르게 도달할 수 있도록 직관적인 시스템을 제공해야 한다.

7.3.1 내비게이션 인터페이스 설계

VR 환경에서의 내비게이션은 사용자가 가상 세계를 어떻게 탐험하는지에 따라 다양한 방법으로 구현될 수 있다. 텔레포트 시스템 Teleport System, 매끄러운 이동 Continuous Movement, 포인트 앤 클릭 방식 등이 대표적인 예다. 텔레포트는 VR에서 가장 일반적인 이동 방식 중 하나로, 사용자가 가상공간 내에서 한 지점에서 다른 지점으로 바로 이동할 수 있도록 해 준다. 텔레포트 방식은 VR콘텐츠 체험 후 많은 이들이 호소하는 사이버 멀미 시뮬레이터 증후군를 줄이는 데 매우 효과적이며, 넓은 가상공간을 물리적 제약 없이 탐험할 수 있게 해 준다. 사용자는 VR 컨트롤러를 사용하여 이동할 위치를 지정하고, 그 지점으로 즉시 이동할 수 있다. 이러한 방식은 연속적인 이동으로 인한 어지럼증을 줄여 주며, 특히 사용자의 편안한 탐색을 위해 자주 사용된다.

● 텔레포트 시스템

개념	사용자가 VR 환경에서 이동하고 싶은 지점을 선택하면 즉시 해당 위치로 순간 이동하는 방식이다.
장점	모션 멀미를 거의 유발하지 않아 편안하다. 좁은 물리적 공간에서도 넓은 가상 공간을 빠르게 탐험할 수 있으며, 조작이 간단해 초보자도 쉽게 익힐 수 있다.
단점	현실감을 떨어뜨려 몰입을 방해할 수 있고, 이동 경로를 생략하기 때문에 공간에서 방향감각을 잃기 쉽다. 또한 일부 사용자에게는 순간적인 시점 전환으로 경미한 어지럼증을 유발하기도 한다.
적용 사례	다수의 VR 게임에서 기본 이동 수단으로 제공되며, 특히 VR FPS나 어드벤처 장르에서 널리 사용된다. 예를 들어 Robo Recall이나 Arizona Sunshine 등 다양한 게임에서 텔레포트 방식을 채택하고 있다.

● 매끄러운 이동

개념	컨트롤러의 조이스틱 등을 사용해 원하는 방향으로 캐릭터를 연속적으로 이동시키는 방식이다. 마치 실제로 걷거나 달리는 것처럼 부드럽게 이동하는 느낌을 준다.

장점	현실적인 이동 감각으로 몰입감이 높다. 또한 이동 중에도 주변 환경을 지속적으로 관찰할 수 있어 공간 파악이 용이하고, 원하는 위치에 정밀하게 접근할 수 있다.
단점	시각과 평형감각의 불일치로 인해 VR 멀미가 발생하기 쉽다. 조작 숙련도가 낮은 사용자는 방향 제어에 어려움을 느낄 수 있으며, 멀미 완화를 위한 속도 제한이나 시야 좁히기 등의 추가 보조 기능이 필요하기도 하다.
적용 사례	리얼리티를 중시하는 VR 게임이나 훈련 시뮬레이션 등에서 활용된다. 예를 들어 Skyrim VR이나 Half-Life: Alyx와 같은 오픈월드 게임 및 FPS에서 연속 이동 옵션을 제공한다.

● 포인트 앤 클릭

개념	시선 또는 컨트롤러의 포인터로 이동하려는 지점을 가리킨 뒤 클릭하여 그 위치로 이동하는 방식이다. 주로 미리 정해진 지점들 사이를 단계적으로 이동할 때 사용된다.
장점	조작이 단순하여 VR 입문자도 쉽게 사용할 수 있다. 이동 가능 위치를 제한함으로써 사용자의 동선을 개발자가 의도한 대로 유도할 수 있으며, 불필요한 움직임이 없으므로 멀미 위험도 낮다.
단점	임의의 장소로 이동할 수 없어 자유로운 탐험이 제한된다. 제공된 이동 지점을 찾지 못하면 진행에 혼란을 겪을 수 있고, 미리 정해진 경로만 따라가야 하기 때문에 자칫 수동적인 경험으로 느껴질 수 있다.

적용 사례	360° 가상 투어나 스토리텔링형 VR 콘텐츠처럼 정해진 경로를 따라가는 경험에서 주로 사용된다. 예를 들어 가상 박물관 투어 애플리케이션이나 교육용 VR 콘텐츠에서 지점을 클릭하여 이동하는 방식을 흔히 볼 수 있다.

7.3.2 사용자 흐름 최적화

내비게이션 설계는 사용자가 가상공간에서의 탐색 경험을 매끄럽고 직관적으로 만들어야 한다. 예를 들어, AR/VR 환경에서는 사용자에게 경로 안내, 위치 힌트, 그리고 목표 지점에 대한 시각적 피드백을 제공하는 것이 중요하다. 또한, 사용자가 쉽게 탐색할 수 있도록 간단하고 명확한 메뉴와 옵션을 제공해야 한다. 이러한 흐름을 최적화하기 위해서는 UX/UI 디자인과 사용자 테스트를 통해 피드백을 수집하고, 이를 바탕으로 시스템을 개선해야 한다.

7.3.3 동적 내비게이션과 AI

AI 기반의 동적 내비게이션은 사용자에게 맞춤형 경로를 제공하여 탐색 경험을 향상시킬 수 있다. 사용자의 이전 행동을 학습하고, 그에 맞춘 경로 안내를 제공하거나, 사용자가 자주 방문하는 위치를 기억하여 더 빠르게 탐색할 수 있도록 돕는다. 이러한 동적 내비게이션 시스템은 개인화된 경험을 제공하고, 사용자 흐름을 효율적으로 관리할 수 있게 해 준다.

8장

**AR과 VR의
산업별
응용 사례**

8장 | AR과 VR의 산업별 응용 사례

AR/VR 기술은 여러 산업에 걸쳐 혁신적인 변화를 불러일으키고 있다. 다양한 분야에서 AR과 VR을 도입함으로써 업무 효율성을 극대화하고 사용자 경험을 향상시키고자 하는 시도가 활발히 이루어지고 있다. 이것은 헬스케어, 제조업, 교육, 소매업, 건축 및 부동산뿐만 아니라 금융과 엔터테인먼트 산업에서도 혁신적인 변화를 일으키고 있다. 이 장에서는 각 산업에서의 성공과 실패 사례를 통해 AR/VR 기술의 응용 가능성과 교훈을 살펴본다.

8.1 헬스케어 산업에서의 AR과 VR 활용

8.1.1 성공 사례: Surgical Theater

Surgical Theater는 VR 기술을 활용하여 외과의사들이 수술 전 가상 환경에서 시뮬레이션을 진행할 수 있는 플랫폼이다. 이 시스템은 환자의 3D 의료 데이터를 기반으로 정밀한 가상 시뮬레이션을 제공하여, 외과의사들이 다양한 수술 시나리오를 연습하고 최적의 수술 계획을 세울 수 있도록 한다. Surgical Theater는 수술 성공률을 높이고, 수술 시간을 단축시키는 데 크게 기여했다.

성공 요인:

Surgical Theater의 성공은 환자의 실제 데이터를 기반으로 한 3D 모델링의 정확성, 실시간 상호작용을 통해 다양한 수술 계획을 연습할 수 있는 기능, 외과의사 간 협업 기능 제공에 있다. 이러한 요소들은 수술 전 준비 과정에서의 오류를 줄이고, 수술의 전반적인 안전성과 효율성을 높이는 데 기여했다.

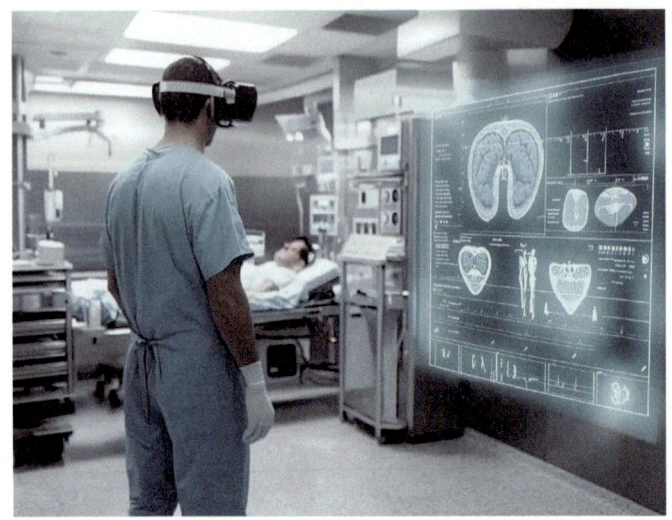

출처: Midjourney

8.1.2 실패 사례: Google Glass in Healthcare

Google Glass는 2013년에 출시된 AR 기반 웨어러블 기기로, 헬스케어 분야에서 의사들이 실시간 정보를 조회하거나 수술 중에 데이터를 참조하는 용도로 사용될 가능성이 있었다. 그러나, Google Glass는 여러 한계로 인해 상업적 성공을 거두지 못했다.

실패 요인:

Google Glass는 데이터 보안 문제, 배터리 수명, 착용 시 불편함 등의 기술적 제한과 사용자 경험의 부족으로 인해 상업적 성공을 거두지 못했다. 특히, 의료 환경에서는 사용자 안전성과 정보 보안이 중요한데, 이 부분에서 Google Glass가 충분한 신뢰를 얻지 못했다.

8.2 제조업에서의 AR과 VR 활용

8.2.1 성공 사례: 보잉의 Upskill AR 기반 조립 작업

보잉Boeing 사는 Upskill사의 AR 기술을 도입해 항공기 조립 작업의 정확도와 효율성을 크게 높였다. 작업자들은 AR 헤드셋을 착용하고 실시간으로 조립 지침을 받으며, 항공기의 복잡한 부품을 조립할 수 있었다. 이 기술을 통해 작업 오류가 줄어들었고, 작업 시간이 크게 단축되었다.

성공 요인:

보잉 사의 성공 요인은 작업자가 실시간으로 3D 지침을 확인하면서 오류를 최소화할 수 있었다는 점과, 복잡한 조립 과정을 더 직관적이고 효율적으로 수행할 수 있었다는 점이다. 이러한 기술 도입은 작업자의 학습량을 줄이고, 항공기 조립의 정밀성을 높이는 데 기여했다.

출처: Midjourney

8.2.2 실패 사례: GE의 VR 유지보수 훈련

GE General Electric는 VR을 활용하여 유지보수 작업자들을 위한 훈련 프로그램을 도입했다. 이 프로그램은 작업자들이 가상 환경에서 유지보수 절차를 연습할 수 있도록 설계되었으나, 실제 작업 환경과의 차이로 인해 기대만큼의 성과를 거두지 못했다.

실패 요인:

GE의 VR 훈련 프로그램은 가상 환경과 현실 간의 물리적 차이를 충분히 고려하지 못했다. VR에서의 경험이 실제 작업에서 바로 적용되지 않았고, 훈련 프로그램의 비용 대비 효과도 기대에 미치지 못했다. 이는 VR을 활용한 훈련 시스템이 현실 작업과의 긴밀한 연결성이 중요하다는 교훈을 준다.

8.3 교육 분야에서의 AR과 VR 활용

8.3.1 성공 사례: Labster의 VR 실험실

Labster는 VR을 통해 학생들이 가상 실험실에서 과학 실험을 수행할 수 있게 하는 교육 플랫폼이다. 이 기술은 물리적인 실험실을 대체하거나 보완할 수 있으며, 복잡한 실험을 안전하게 가상공간에서 경험할 수 있다. 특히 비용이 많이 드는 장비나 위험한 화학물질을 사용하는 실험을 가상으로 재현해, 안전하고 효율적인 학습 환경을 제공한다.

성공 요인:

Labster의 성공은 현실적으로 위험하거나 비용이 많이 드는 실험을 가상으로 안전하게 수행할 수 있다는 점과, 학습자들이 반복적으로 실험을 연습할 수 있다는 데 있다. 이러한 기술 도입은 교육 비용을 절감하면서도 학습의 질을 유지하는 데 크게 기여했다.[20]

20 출처: Labster 홈페이지

8.3.2 실패 사례: AltspaceVR의 초기 실패

AltspaceVR은 소셜 VR 플랫폼으로, 사용자들이 가상공간에서 상호작용하고 커뮤니티 활동을 할 수 있는 환경을 제공하려고 했다. 초기에 기술적 문제와 사용자 수의 부족으로 인해 상업적 성공을 거두지 못했으며, 결국 2023년 서비스가 종료되었다.

실패 요인:

AltspaceVR은 초기 사용자 수를 확보하지 못한 점과, 플랫폼 내에서의 사용자 경험이 충분히 몰입적이지 못해 기존 사용자들이 이탈하게 되었다. 또한, 당시 하드웨어와 네트워크 성능이 부족하여 안정적인 가상 환경을 제공하지 못한 것도 문제로 작용했다.

8.4 소매업에서의 AR과 VR 활용

8.4.1 성공 사례: Sephora의 AR 메이크업 시뮬레이션

Sephora는 AR 기술을 통해 고객들이 가상으로 메이크업을 시도해 볼 수 있는 애플리케이션을 개발했다. 사용자는 자신의 얼굴에 다양한 메이크업 제품을 적용해 볼 수 있으며, 이를 통해 구매 결정을 내리기 전에 여러 스타일링을 시도할 수 있었다.

성공 요인:

Sephora의 성공은 얼굴 인식 기술의 정확성과 간편한 사용자 인터페이스에 있다. 사용자는 실제 제품을 사용해 보지 않고도 가상으로 여러 메이크업 스타일링을 시도할 수 있었으며, 이를 통해 고객 경험을 향상시키고 구매 전환율을 높였다.

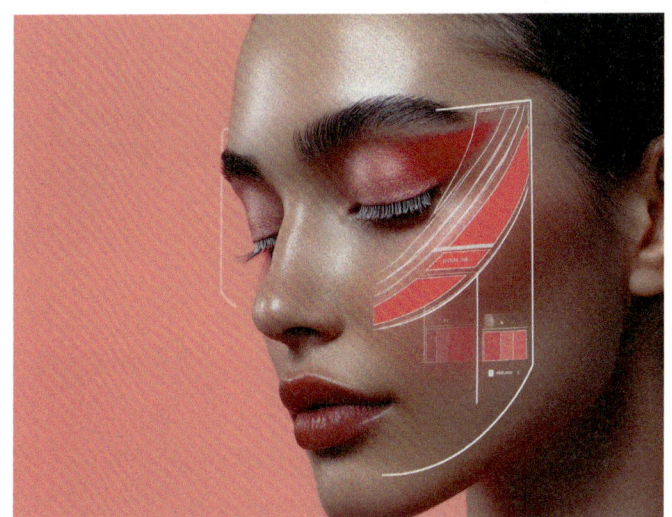

출처: Midjourney

8.4.2 실패 사례: VR 기반 가상 매장

IKEA Place는 AR 기반 가구 배치 시뮬레이션으로 성공적인 응용을 보였으나, 다른 일부 소매업체의 VR 기반 가상 매장은 상업적으로 성공하지 못했다. 특히 VR 장비를 통해 가상으로 매장을 탐색하고 상품을 구매하는 개념은 사용자에게 불편함을 주고, 직관적이지 못했다.

실패 요인:

VR 기반 가상 매장의 실패는 사용자 경험의 복잡성과 기술적 한계에서 비롯되었다. VR 장비의 무게와 착용감이 불편했고, 가상 매장의 인터페이스가 직관적이지 않아 고객이 쉽게 탐험할 수 없었다. 이는 기술 도입 시 사용자 편의성을 최우선으로 고려해야 함을 시사한다.

8.5 건축 및 부동산 분야에서의 AR과 VR 활용

8.5.1 성공 사례: 매터포트 Matterport 의 VR 부동산 투어

매터포트는 VR 기술을 통해 부동산 매물을 가상 투어로 제공하는 플랫폼이다. 사용자는 실제 매물을 방문하지 않고도 고해상도의 3D 투어를 통해 공간을 탐험할 수 있었다. 이는 시간과 장소에 구애받지 않고 부동산을 확인할 수 있어, 부동산 중개업자와 구매자 모두에게 편리함을 제공했다.

성공 요인:

매터포트의 성공은 고해상도 3D 모델링을 통해 매물의 세부 사항을 정확하게 보여줄 수 있다는 점과, 원격으로 매물을 탐색할 수 있는 편리함을 제공했다는 데 있다. 이러한 기술은 특히 원거리에 있는 고객들이 매물을 확인하는 데 매우 유용했으며, 부동산 중개 과정에서의 효율성을 크게 높였다.

출처: Midjourney

8.5.2 실패 사례: Floored의 가상 투어 및 설계 시각화

Floored는 VR 및 3D 모델링 기술을 활용하여 건축 및 부동산 분야에서 가상 투어 및 설계 시각화를 제공했던 스타트업이다. 그러나 초기 단계에서 수익성 문제와 시장 확대의 어려움을 겪었으며, 결국 2017년 부동산 데이터 회사 CBRE에 인수되었다.

실패 요인:

건축과 부동산 분야에서 VR 기술을 활용한 가상 투어가 점차 확산되고 있었으나, Floored는 초기 사업 모델의 한계와 시장에서의 인지도 부족으로 어려움을 겪었다. Floored의 플랫폼은 충분한 수익성을 확보하지 못했고, 지속 가능한 사업 모델을 구축하는 데 실패했다.

8.6 금융 산업에서의 AR과 VR 활용

8.6.1 성공 사례: BNP 파리바의 VR 은행

BNP 파리바 BNP Paribas는 고객이 증강현실 AR 기술을 통해 금융 서비스를 더욱 직관적으로 경험할 수 있도록 하는 디지털 혁신을 추진해 왔다. 특히, 자사의 디지털 은행 서비스인

헬로뱅크Hello bank와 협력하여 AR 기술을 도입하였다. 이를 통해 고객들은 모바일 애플리케이션을 통해 금융 데이터를 증강현실 환경에서 확인할 수 있으며, 투자 상품이나 포트폴리오 정보를 보다 시각적으로 분석할 수 있게 되었다.

이러한 AR 기술 도입은 기존의 텍스트 기반 금융 정보 제공 방식에서 벗어나 보다 몰입적이고 직관적인 사용자 경험을 제공하는 데 초점을 맞추었다. 예를 들어, 고객이 스마트폰을 사용하여 특정 금융 상품을 스캔하면, 관련 정보가 AR 인터페이스를 통해 실시간으로 제공되는 방식이다. 이를 통해 사용자는 복잡한 금융 데이터를 보다 쉽게 이해하고, 맞춤형 금융 상품을 선택할 수 있도록 지원받는다.

성공 요인:

BNP 파리바의 AR 금융 서비스가 성공적인 반응을 얻을 수 있었던 주요 요인은 사용자 친화적인 인터페이스, 몰입감 높은 시각적 정보 제공, 개인 맞춤형 금융 서비스 지원에 있다. 기존의 온라인 뱅킹 서비스는 단순한 텍스트 기반 UI를 제공하는 경우가 많았으나, AR을 활용한 인터페이스는 고객이 보다 직관적으로 금융 상품을 탐색하고, 실제 상품을 시각적으로 비교할 수 있도록 하였다.

또한, AR 기술을 통해 투자 관리 및 금융 포트폴리오를

3D 그래픽으로 시각화함으로써, 금융 초보자들도 쉽게 이해할 수 있도록 지원했다. 이처럼 BNP 파리바의 AR 은행은 금융 정보의 접근성을 높이고, 고객 맞춤형 서비스를 제공하는 데 기여한 사례로 평가받고 있다.

출처: Midjourney

8.6.2 실패 사례: 금융 산업에서의 AR/VR 기술 도입 실패 사례

금융 산업에서는 AR/VR 기술을 활용하여 고객 경험을 혁신하려는 다양한 시도가 이루어졌지만, 모든 사례가 성공적인 것은 아니었다. 예를 들어 BNP 파리바BNP Paribas의 AR 은행 서비스는 고객 맞춤형 금융 정보를 직관적으로 제공하는 방식으로 성공적인 반응을 얻었지만, 일부 금융 기관들은 AR/VR 기술을 도입하는 과정에서 기대했던 성과를 거두지 못했다.

일부 금융 기관들은 고객이 AR/VR 기술을 통해 ATM을 찾거나 가상 금융 상담을 받을 수 있도록 하는 서비스를 시도했으나, 고객의 낮은 수용성과 기술적 한계로 인해 성공하지 못했다. 예를 들어, 한 금융사는 AR 기술을 사용하여 스마트폰을 통해 가까운 ATM을 찾고 경로를 안내하는 기능을 도입했으나, 기존의 지도 앱과 비교해 큰 차별성을 제공하지 못했다. 또한, 일부 VR 기반 투자 상담 서비스는 고객이 VR 헤드셋을 착용하고 가상 환경에서 금융 데이터를 분석할 수 있도록 설계되었으나, 사용자의 낮은 기술 적응력과 장비 사용의 번거로움으로 인해 실질적인 활용도가 낮았다.

실패 요인:

금융 산업에서 AR/VR 기술이 실패하는 주요 요인은 다음과 같다. 첫째, 사용자 수용성 부족이다. 많은 고객들이 새로운 기술에 대한 거부감을 가지거나, 기존의 익숙한 방식을 선호하는 경향이 있다. 특히 고령층 고객들은 대면 상담을 선호하는 경우가 많아 AR/VR 기반의 금융 서비스를 적극적으로 활용하지 않는 경향이 나타났다.

둘째, 기술적 제약이 존재한다. 초기 AR/VR 기술은 그래픽 품질이나 사용자 인터페이스[UI] 측면에서 제한적이었으며, 일부 사용자들은 VR 환경에서 어지러움이나 피로감을 느껴 장시간 사용이 어려웠다.

셋째, 비용 문제가 따른다. AR/VR 기술을 활용한 서비스는 하드웨어[예: VR 헤드셋, AR 스마트글래스] 의존도가 높으며, 이를 고객이 직접 구매해야 하는 경우 부담이 될 수 있다.

넷째, 실질적 가치 부족이 문제로 작용했다. AR을 활용한 ATM 찾기 기능은 기존 지도 서비스와 비교하여 특별한 강점이 없었으며, VR 금융 상담 서비스는 개인화된 대면 상담보다 부족한 점이 많았다. 결국, 고객이 기술 사용의 필요성을 느끼지 못해 서비스가 활성화되지 않았다.

이 사례는 금융 서비스에서 새로운 기술을 도입할 때, 단순히 기술적 가능성을 고려하는 것이 아니라 고객의 실제 니즈를 면밀히 분석하는 것이 중요하다는 점을 보여 준다. AR/VR 기술이 기존의 금융 서비스보다 확실한 장점을 제공하지 못한다면, 고객이 굳이 이를 사용할 이유가 없기 때문이다. 혁신적인 기술이더라도 고객이 실질적인 가치를 느끼지 못하면 사용률이 낮아지고, 결국 상업적 성공을 거두기 어렵다.

또한, 고객 교육과 지원이 필수적이며, 기술적 안정성과 사용자 경험을 최우선으로 고려해야 한다. 금융 기관들은 AR/VR 기술을 효과적으로 도입하기 위해 기존 서비스 대비 차별성을 명확히 설정하고, 고객이 쉽게 접근할 수 있는 방식으로 제공하는 전략을 마련해야 한다. 또한, 초기 도입 단계에서는 특정 타깃 고객층^{예: 젊은 층, 기술 친화적인 사용자}을 중심으로 베타 테스트를 진행하여 점진적으로 확장하는 방식이 바람직할 수 있다. 이러한 신중한 접근과 철저한 사전 검토를 통해 금융 산업에서 AR/VR 기술이 보다 성공적으로 자리 잡을 수 있을 것이다.

8.7 엔터테인먼트 산업에서의 AR과 VR 활용

8.7.1 성공 사례: Beat Saber

Beat Saber는 VR 리듬 게임으로, 사용자가 가상의 광선검으로 음악의 리듬에 맞춰 블록을 자르는 게임이다. 이 게임은 직관적인 동작 인식과 몰입감 높은 그래픽을 통해 전 세계적으로 큰 인기를 끌었으며, VR 게임 시장에서 성공적인 사례로 자리 잡았다.

성공 요인:
단순하면서도 중독성 있는 게임 메커니즘, 직관적인 동작 인식, 그리고 리듬에 맞춰 상호작용하는 방식이 사용자의 몰입감을 극대화했다. 다양한 난이도를 제공하여 초보자부터 숙련자까지 모두가 즐길 수 있는 환경이 마련된 점도 성공 요인 중 하나였다.

출처: Midjourney

8.7.2 실패 사례: Google Daydream

Google Daydream은 모바일 기반 VR 플랫폼으로 다양한 VR 콘텐츠를 제공하려 했으나, 상업적 성공을 거두지 못했다.

실패 요인:

Google Daydream의 실패는 콘텐츠 부족, 호환성 문제, 그리고 사용자 편의성의 부족에서 비롯되었다. 충분한 콘텐츠를 제공하지 못해 사용자들이 지속적으로 플랫폼에 머물지 않았으며, 일부 스마트폰과의 제한된 호환성은 플랫폼의 확산을 방해했다. 또한, VR 헤드셋의 착용감과 사용성이 개선되지 않아 사용자의 불만이 높았다.

AR과 VR 기술은 다양한 산업에서 혁신을 주도하며, 새로운 가능성을 제시하고 있다. **BNP 파리바**와 **Surgical Theater**, **Matterport**와 같은 성공 사례는 사용자가 기술을 직관적이고 유용하게 활용할 수 있을 때 기술이 성공적으로 자리 잡을 수 있다는 것을 보여 준다. 또한, **Beat Saber**는 엔터테인먼트 산업에서 VR 기술이 어떻게 효과적으로 몰입감을 제공하고 사용자 경험을 풍부하게 만들 수 있는지를 잘 보여 주는 사례다.

반면, **Google Glass**와 **Google Daydream**, **웰스 파고의 AR 기반 ATM 서비스**와 같은 실패 사례는 기술적 완성도가 부족하거나 사용자 경험이 충분하지 않을 때 상업적 성공을 이루지 못할 수 있음을 보여 준다. 사용자의 요구사항을 이해하고, 기술 도입이 실질적인 문제 해결로 이어질 때 성공할 수 있다.

결론적으로, AR과 VR 기술의 성공은 기술 자체의 발전을 넘어 사용자 경험, 직관성, 실질적인 문제 해결 능력에 달려 있다. 각 산업의 특성과 고객의 요구사항을 정확히 파악하고 이를 기술에 반영하는 것이, AR/VR의 상업적 성공을 위한 필수 요소임을 알 수 있다.

9장

**윤리적 및
사회적
고려사항**

9장 | 윤리적 및 사회적 고려사항

　AR과 VR 기술은 높은 몰입감과 상호작용을 제공하는 동시에 다양한 윤리적·사회적 문제를 수반할 수 있다. 이러한 기술이 점점 더 일상에 깊이 스며들면서, 사용자 프라이버시 보호, 데이터 보안 강화, 몰입형 경험의 심리적 영향 최소화, 그리고 모든 사용자를 위한 접근성과 포용적 디자인 원칙이 중요한 이슈로 떠오르고 있다.

　특히, AR과 VR 기술이 의료, 교육, 엔터테인먼트, 소셜 미디어 등 다양한 분야에서 활용되면서 이에 대한 윤리적 고려가 필수적이다. 예를 들어, 사용자의 생체 데이터나 행동 패턴을 수집하는 시스템이 프라이버시를 침해할 가능성이 있으며, VR 몰입 환경에서의 부정적인 심리적 영향을 방지하는 방안도 마련해야 한다. 또한, 장애인과 기술 소외 계층이 배제되지 않도록 접근성을 고려한 설계가 요구된다.

　기술 발전과 함께 이러한 문제를 해결하기 위한 지속적인 연구와 정책적 대응이 필요하며, 개발자와 사용자 모두 윤리적 원칙을 숙지하고 실천할 필요가 있다. 이는 단순히 기술적인 문제가 아니라, 사회 전반에 걸쳐 논의되어야 하는 중요한 주제이다.

9.1 사용자 프라이버시와 데이터 보안

AR과 VR 시스템은 사용자의 행동 데이터를 수집하고 이를 분석하여 경험을 개인화하는 기능이 강력해지고 있다. 이 과정에서 사용자의 민감한 정보(예: 위치 정보, 생체 데이터, 행동 패턴 등)가 수집되며, 이는 개인정보 침해의 위험성을 동반한다. 따라서 프라이버시 보호와 데이터 보안 강화를 위한 기술적, 정책적 노력이 필수적이다.

출처: Freepik

9.1.1 프라이버시 보호 기술

프라이버시 보호를 위해 AR과 VR 시스템은 암호화된 데이터 전송과 저장 방식을 사용해야 하며, 사용자는 자신의 데이터에 대한 통제 권한을 가지고 있어야 한다. 또한, 사용자가 자신의 데이터가 어떻게 사용되고 있는지 투명하게 알 수 있도록 해야 하며, 수집된 데이터를 관리하는 명확한 정책이 필요하다.

- **데이터 암호화:** 데이터 전송 및 저장 시 강력한 암호화 알고리즘을 적용하여 무단 접근을 방지해야 한다.
- **사용자 동의 기반 데이터 수집:** 개인정보 수집 시 명확한 동의 절차를 거치고, 사용자가 언제든 데이터를 삭제할 수 있도록 해야 한다.
- **보안 업데이트 및 패치 관리:** 시스템의 보안 취약점을 주기적으로 점검하고 업데이트하여 데이터 유출을 방지해야 한다.

출처: Pixabay

9.1.2 익명화 및 가명화 기술

사용자 데이터를 수집할 때는 가능한 한 익명화 또는 가명화 기술을 사용하여 개인을 식별할 수 없도록 해야 한다. 이는 데이터 유출 시에도 사용자의 개인정보가 노출되는 위험을 줄여 준다. 또한, 이러한 보호 장치를 통해 사용자는 AR/VR 환경에서 더 안심하고 경험을 즐길 수 있다.

- **익명화 기술:** 데이터를 집계하거나 변형하여 특정 개인을 식별할 수 없도록 처리하는 기법.
- **가명화 기술:** 사용자 정보를 가명으로 변환하여 보호하는 방식으로, 필요시 특정 조건에서만 복원이 가능하도록 설계된다.
- **데이터 최소 수집 원칙 적용:** 사용자 경험을 개선하는 데 필요한 최소한의 데이터만 수집하도록 설계해야 한다.

9.2 몰입형 경험의 심리적 영향

AR과 VR은 사용자의 감각을 자극하여 높은 몰입감을 제공하지만, 그만큼 심리적 부작용을 초래할 가능성도 크다. VR은 특히 사용자를 가상공간에 완전히 몰입시키기 때문에 현실과 가상을 혼동하게 만드는 문제가 발생할 수 있다. 이에 대한 예방 조치와 가이드라인 마련이 필수적이다.

9.2.1 심리적 부작용

AR과 VR 경험은 사용자의 심리 상태에 큰 영향을 미칠 수 있다. 장시간의 몰입은 피로감, 어지럼증, 현실과 가상의 혼동을 초래할 수 있으며, 일부 사용자들은 현실에서의 소외감이나 불안감을 느낄 수 있다. 이에 따라 사용 시간제한, 사용자 피드백을 반영한 설계, 건강한 사용 습관을 장려하는 안전장치가 필요하다.

- **VR 멀미** VR Sickness **예방:** 시야 흔들림을 줄이고, 이동 방식을 최적화하여 멀미를 줄이는 기술을 적용해야 한다.
- **사용 시간 조절 기능 제공:** 일정 시간마다 휴식을 권장하는 시스템을 도입하여 사용자 건강을 보호해야 한다.
- **심리적 안정 기능 도입:** 사용자 경험 중 불안감을 유발할 수 있는 요소를 최소화하고, 안정적인 환경을 조성해야 한다.

9.2.2 정신 건강을 위한 가이드라인

AR/VR 콘텐츠 개발자는 사용자의 정신 건강에 부정적인 영향을 미치지 않도록 안전한 경험을 제공하는 데 초점을 맞취야 한다. 콘텐츠가 지나치게 폭력적이거나 불안감을 조성하지 않도록 주의를 기울이고, 몰입 시간이 길어지지 않도록 일정 시간 후에는 휴식 시간을 권장하는 등의 가이드라인을 설정해야 한다.

- **안전한 콘텐츠 설계:** 지나치게 폭력적이거나 공포감을 유발하는 콘텐츠는 주의 깊게 설계해야 한다. 가상 환경에서의 과도한 시각적 자극이나 급격한 시야 변화는 불안감을 초래할 수 있으므로, 점진적인 몰입 방식을 고려해야 한다.
- **사용자 피드백 반영:** 사용자 경험을 지속적으로 모니터링하고, 정신 건강에 영향을 미치는 요소를 조정해야 한다. 사용자 리뷰 및 피드백을 분석하여 불안감을 유발하는 요소를 최소화하고, 피로도를 줄이는 기능을 추가해야 한다.
- **자연스러운 인터랙션 설계:** 강제적인 몰입감을 줄이고, 사용자가 자유롭게 환경을 탐색할 수 있도록 유도해야 한다.
- **사용 시간 제한 기능:** 장시간 사용으로 인한 피로와 정신적 부담을 방지하기 위해 자동으로 휴식을 권장하는 기능을 포함해야 한다. 일정 시간 이상 VR을 사용하면 휴식 알림이 나타나는 등의 방법을 고려해야 한다.
- **가상 환경 내 심리적 안정 요소 포함:** 사용자 경험 중 불안을 최소화할 수 있도록 명상 공간, 조용한 환경, 심리적으로 안정감을 주는 배경음악과 같은 요소를 제공해야 한다.

9.3 접근성 및 포용적 디자인 원칙

AR과 VR 기술이 모든 사용자에게 동등하게 접근 가능해야 하며, 특히 신체적 장애가 있는 사용자나 신기술에 익숙하지 않은 사용자도 쉽게 사용할 수 있도록 포용적 디자인을 적용해야 한다.

9.3.1 접근성 기능

접근성 기능으로는 텍스트 음성 변환, 음성 명령, 조작을 단순화한 인터페이스, 색상 대비 조정, 그리고 화면 확대 기능 등이 있다. 이러한 기능은 신체적 장애나 감각적 제약이 있는 사용자들이 AR/VR을 쉽게 접할 수 있도록 돕는다.

- **음성 명령 기능 제공:** 시각 장애인을 위해 음성으로 조작할 수 있는 기능을 지원해야 한다.
- **색상 대비 조정 기능:** 색각 이상 사용자를 위한 색상 조정 옵션을 제공해야 한다.
- **화면 확대 및 텍스트 변환 기능:** 시력이 낮은 사용자를 위해 인터페이스 요소 크기를 조절할 수 있도록 해야 한다.

9.3.2 포용적 설계 원칙

포용적 설계는 모든 사용자가 기술에 접근할 수 있도록 하는 것을 목표로 한다. 이를 위해 다양한 사용자 요구를 반영하고, 연령, 성별, 장애 여부와 관계없이 사용할 수 있는 인터페이스를 개발해야 한다. 또한, 다양한 언어를 지원하는 다국어 옵션을 제공하여 더 많은 사용자에게 접근성을 제공해야 한다.

- **유연한 인터페이스 제공:** 사용자의 개별적인 요구에 맞춰 조정 가능한 인터페이스를 설계해야 한다. 예를 들어, 조작 버튼 크기 조절, 조작 방식 변경 터치, 음성 명령, 시선 추적 등을 지원할 수 있어야 한다.
- **다국어 지원:** 다양한 언어를 지원하여 다양한 문화권의 사용자가 쉽게 접근할 수 있도록 해야 한다. UI 텍스트, 음성 안내, 자막 기능을 제공하는 것이 중요하다.
- **사용자 맞춤형 경험 제공:** 사용자가 자신의 필요에 맞게 환경을 조정할 수 있도록 개별 설정 기능을 제공해야 한다. 예를 들어, 색맹 사용자를 위한 색상 필터, 난독증 사용자를 위한 가독성 높은 폰트 옵션을 포함할 수 있다.
- **디지털 격차 해소:** 신기술에 익숙하지 않은 사용자도 쉽게 사용할 수 있도록 직관적인 디자인과 단계별 가이드를 제공해야 한다. 초보자를 위한 인터랙티브 튜토리얼을 포함하는 것이 효과적이다.

이와 같은 윤리적 고려사항을 반영함으로써 AR과 VR 기술이 보다 안전하고 포용적인 방향으로 발전할 수 있을 것이다.

10장

미래 전망과 혁신 방향

10장 | 미래 전망과 혁신 방향

AR과 VR 기술은 이미 다양한 산업에 걸쳐 영향을 미치고 있으며, 앞으로도 기술의 발전과 함께 더 많은 혁신적인 변화를 불러올 것으로 전망된다. 이 기술들은 몰입감, 상호작용성, 현실과 가상의 경계를 넘나드는 경험을 통해 새로운 형태의 미디어와 상업적 응용을 가능하게 할 것이다. 특히 MR, 차세대 인터랙티브 미디어, 지속 가능한 기술 개발은 앞으로의 AR/VR 발전 방향을 결정짓는 핵심 요소가 될 것이다.

기술 발전과 함께 AR/VR의 활용 범위는 더욱 확장될 것이며, 이는 의료, 교육, 엔터테인먼트, 제조업, 도시 계획 등 다양한 산업에서의 변화를 이끌어 낼 것이다. 또한, 지속적으로 증가하는 네트워크 속도, 클라우드 기반 컴퓨팅, AI 기술의 발전과 결합하여, 더욱 정교하고 직관적인 AR/VR 경험을 제공할 수 있는 방향으로 나아가고 있다.

10.1 AR과 VR의 통합과 MR

AR과 VR은 그 자체로도 강력한 기술이지만, 점차 이 두 기술이 혼합된 MR이 주목받고 있다. MR은 현실 세계와 가상 세계를 자연스럽게 결합하여, 사용자가 현실에서 가상의 객체와 상호작용하거나, 가상의 공간에서 현실 세계의 데이터를 활용할 수 있게 한다. AR과 VR의 장점을 결합한 MR은 다음과 같은 특징과 가능성을 지닌다.

10.1.1 MR의 주요 특징과 기술적 발전

MR의 핵심은 사용자가 현실 속에서 가상 객체와 상호작용할 수 있다는 점에 있다. 이는 카메라, 센서, AI 기술을 결합해 현실과 가상을 통합한 환경을 제공한다. 예를 들어, 사용자는 가상 객체를 현실 공간에서 조작하고, 가상 세계에서 현실적인 물리 법칙에 따라 움직이는 물체를 시뮬레이션할 수 있다.

기술적으로는 Microsoft의 **HoloLens**와 같은 MR 장치가 대표적이다. 이러한 장치들은 깊이 센서, RGB 카메라, 마이크로폰 어레이 등을 사용하여 사용자와 환경의 상호작용을 감지하고, 가상 객체를 현실에 겹쳐 표현한다. 또한, 가상현실 헤드셋에서도 외부 카메라를 활용한 패스스루 pass-through 기능이 추가되면서 VR 장치가 MR 기능을 지원할 수 있게 되어 AR과 VR의 경계가 점차 흐려지고 있다.

MR 기술이 발전함에 따라, 공간 컴퓨팅 Spatial Computing 개념이 주목받고 있다. 이는 사용자가 물리적 공간에서 디지털 콘텐츠를 자유롭게 조작할 수 있도록 하는 기술로, 향후 MR 환경을 더욱 몰입적으로 만드는 핵심 요소가 될 것이다.

10.1.2 MR의 응용 가능성

MR은 다양한 산업에서 혁신적인 변화를 일으킬 잠재력을 가지고 있다. **건축 분야**에서는 설계자들이 현실 공간에서 가상 모델을 시각화하고 실시간으로 수정할 수 있어 설계 과정의 효율성이 높아진다. **헬스케어 분야**에서는 의사들이 가상 환자 데이터를 실시간으로 확인하며 수술을 진행하거나, 의료 교육에서 정밀한 시뮬레이션을 활용할 수 있다. **엔터테인먼트 분야**에서는 가상 공연이나 게임을 현실 공간에 통합해 새로운 경험을 제공할 수 있다. MR은 현실 세계의 물리적 제한을 넘어선 무한한 가능성을 제공하며, 다양한 응용 분야에서 사용될 수 있을 것이다.

10.2 차세대 인터랙티브 미디어 트렌드

차세대 인터랙티브 미디어는 AR과 VR 기술의 발전을 중심으로 AI, 5G, 클라우드 컴퓨팅과 같은 첨단 기술들과 결합하여 더욱 진보할 것이다. 이러한 기술들이 결합함으로써 사용자는 가상 환경에서 더욱 몰입적이고 상호작용적인 경험을 할 수 있게 된다.

10.2.1 AI와 AR/VR의 결합

AI는 AR/VR에서 사용자 경험을 혁신적으로 개선할 잠재력을 가지고 있다. AI 기반의 자연어 처리 NLP는 사용자와 가상 캐릭터 간의 대화를 가능하게 하고, AI 기반의 컴퓨터 비전은 사용자가 가상공간을 보다 자연스럽게 탐색할 수 있게 한다. AI는 사용자의 행동을 학습하여 더 맞춤형 경험을 제공할 수 있으며, 이로 인해 AR/VR 환경 내에서 더 자연스러운 상호작용이 가능해진다.

AI 기반의 **적응형 콘텐츠**는 사용자마다 다른 경험을 제공할 수 있다. 예를 들어, 게임에서 AI는 사용자의 플레이 스타일을 분석하여 적의 행동이나 난이도를 조절할 수 있다. 교육 분야에서는 AI가 학습자의 성취도에 맞춘 맞춤형 콘텐츠를 제공하여 학습 효율성을 극대화할 수 있다.

- **AI 기반 콘텐츠 생성:** 사용자의 취향과 행동을 분석하여 맞춤형 콘텐츠를 제공하는 기능이 강화될 것이다.
- **적응형 인터페이스:** 사용자의 움직임과 패턴을 분석하여 직관적인 UI/UX를 제공할 수 있다.

10.2.2 5G와 엣지 컴퓨팅을 통한 실시간 데이터 전송

5G는 AR/VR의 핵심 인프라로 자리 잡을 것이다. 초고속, 저지연의 5G 네트워크는 대용량의 AR/VR 데이터를 실시간으로 전송할 수 있어, 몰입형 경험을 제공하는 데 필수적인 역할을 한다. 특히 클라우드와의 결합을 통해, 사용자 기기의 성능에 의존하지 않고도 고해상도의 콘텐츠를 스트리밍 방식으로 제공할 수 있다. 이는 모바일 AR/VR 경험을 한층

더 향상시키며, 다양한 기기에서의 사용을 가능하게 한다.

엣지 컴퓨팅은 데이터 처리 시간을 줄여, 실시간 상호작용을 가능하게 한다. 사용자가 AR/VR 환경에서 행동할 때, 데이터를 중앙 서버에서 처리하지 않고 엣지 사용자와 가까운 곳에서 처리함으로써 지연 시간이 크게 줄어든다. 이를 통해 사용자 경험은 더욱 빠르고, 자연스러워지며, 특히 다중 사용자 환경에서의 상호작용이 원활해진다.

10.2.3 차세대 사용자 인터페이스와 상호작용

차세대 AR/VR 미디어에서는 **제스처, 음성 명령, 물리적 컨트롤러**와 같은 멀티모달 상호작용 방식이 결합된 하이브리드 인터페이스가 중요한 역할을 할 것이다. 이러한 인터페이스는 사용자가 더 직관적이고 자연스럽게 가상 환경과 상호작용할 수 있게 해 준다. 또한, **생체 신호 기반 상호작용**이 발전하면서, 사용자는 손이나 눈의 움직임뿐만 아니라 심박수나 뇌파 등을 통해 가상 환경과 상호작용할 수 있게 된다.

차세대 사용자 인터페이스는 사용자의 **몰입감**을 극대화하는 데 중점을 두고 있으며, 더 직관적이고 자연스러운 상호 작용을 통해 AR/VR 경험을 더욱 향상시킬 것이다.

10.3 지속 가능한 AR/VR 기술 개발

AR과 VR 기술이 발전하면서, 이 기술들이 사회와 환경에 미치는 영향에 대한 고려가 필요하다. 지속 가능한 기술 개발은 장기적인 성공을 위해 필수적인 요소이며, 환경적, 사회적 책임을 다하는 방식으로 기술을 발전시키는 것이 중요하다.

10.3.1 환경적 지속 가능성

AR/VR 기기의 제작 과정에서 발생하는 **전자 폐기물**과 **에너지 소비** 문제는 지속 가능한 기술 개발의 주요 이슈 중 하나다. VR 헤드셋, AR 스마트 글래스 등의 장비는 복잡한 전자 부품으로 구성되어 있으며, 이러한 제품들의 수명 주기와 재활용 가능성에 대한 고려가 필요하다. 개발 기업들은 재활용 가능한 소재를 사용하고, 에너지 효율이 높은 기기를 개발하는 방향으로 나아가야 한다.

10.3.2 사회적 지속 가능성

AR과 VR 기술이 사회 전반에 확산되면서, **접근성**과 **포용성**을 고려한 기술 개발이 필수적이다. 모든 계층의 사용자들이 이러한 기술에 동등하게 접근할 수 있어야 하며, 특히 신체적 장애를 가진 사용자들도 편리하게 사용할 수 있는 인터페이스가 필요하다. 이러한 기술들이 포용적 디자인 원칙을 따르고, 다양한 사용자 요구에 맞춰 개발될 때, 지속 가능한 사회적 발전에 기여할 수 있다.

10.3.3 윤리적 문제와 기술 남용 방지

AR/VR 기술은 사용자의 감각과 인식을 완전히 통제할 수 있는 잠재력을 가지고 있기 때문에, **윤리적 문제**가 중요하게 다루어져야 한다. 가상 세계에서의 몰입 경험이 지나치게 현실과 분리된 경우, 사용자의 정신 건강에 악영향을 미칠 수 있으며, 데이터 수집과 프라이버시 침해의 위험성도 증가한다.

 따라서 기술 남용을 방지하기 위해 개발자와 기업은 윤리적 기준을 세우고, 기술이 사용자의 권리를 침해하지 않도록 보장해야 한다. 또한, 데이터 보안에 대한 정책과 법적 규제가 강화될 필요가 있다.

11장

결론

11장 | 결론

 증강현실AR과 가상현실VR 기술은 단순한 시각적 경험을 넘어 인간과 디지털 세계 간의 상호작용 방식을 근본적으로 변화시키고 있다. 이러한 기술들은 헬스케어, 교육, 제조, 금융, 엔터테인먼트 등 다양한 산업에서 새로운 가능성을 열어가며, 더욱 몰입적이고 직관적인 사용자 경험을 제공하는 핵심 도구로 자리 잡고 있다. AR과 VR은 데이터 처리 능력과 인공지능AI, 5G 네트워크, 클라우드 컴퓨팅 기술의 발전과 함께 점점 더 정교해지고 있으며, 이러한 기술들의 융합을 통해 더욱 실감 나는 가상 환경을 구현할 수 있는 가능성이 열리고 있다.

 하지만 AR/VR 기술의 발전이 가져오는 혁신적인 변화와 기회 속에서 윤리적 문제와 사회적 책임에 대한 고려가 필수적으로 따라야 한다. 특히 사용자 프라이버시 보호, 데이터 보안, 심리적 영향, 접근성과 포용적 디자인 문제 등은 여전히 해결해야 할 중요한 과제들이다. 이러한 요소들을 체계적으로 검토하고 해결함으로써, AR과 VR 기술이 더욱 지속 가능하고 책임감 있는 방향으로 발전할 수 있을 것이다.

11.1 주요 논점 요약

이 책에서는 AR과 VR 기술의 현재 발전 상황과 다양한 산업에서의 응용 사례를 살펴보았으며, 이 기술들이 앞으로 어떻게 발전할 것인지에 대한 전망을 논의했다. 또한, AR/VR 환경에서 사용자 경험을 최적화하기 위한 상호작용 디자인과 내비게이션 패턴의 중요성을 강조하며, 기술 발전이 가져올 수 있는 사회적·윤리적 문제에 대해서도 다각적으로 접근하였다.

AR과 VR이 제공하는 몰입형 경험은 인간과 기술의 관계를 더욱 긴밀하게 만들고 있다. 기존의 디지털 환경에서는 사용자가 일방적으로 화면을 바라보고 조작하는 방식이 일반적이었으나, AR과 VR을 통해 사용자는 보다 직관적인 방식으로 가상 요소와 상호작용할 수 있게 되었다. 이를 통해 교육, 의료, 산업 디자인 등 다양한 분야에서 효율성을 극대화할 수 있는 새로운 방법들이 등장하고 있으며, 특히 VR 기반의 원격 협업, 가상 시뮬레이션 교육, 의료 시술 훈련 등의 사례는 AR/VR 기술이 단순한 오락을 넘어 실질적인 도구로 활용될 수 있음을 보여 준다.

하지만 기술이 발전하면서 새로운 문제들도 함께 등장하고 있다. AR과 VR은 현실과 가상을 밀접하게 연결하는 만큼, 데이터 보안과 프라이버시 보호가 중요한 이슈로 떠오르고 있다. 사용자의 움직임, 시선 추적 데이터, 생체 인식 정보 등이 실시간으로 기록되고 분석될 수 있는 환경이 조성되면서, 개인 정보 보호를 위한 보다 강력한 보안 정책과 기술적 해결책이 필요해지고 있다. 또한, 장시간 VR 환경에 몰입할 경우 사용자의 정신적·신체적 피로가 증가할 수 있으며, 일부 사용자는 현실과 가상의 경계를 혼동하는 문제를 겪을 수도 있다. 이러한 부작용을 최소화하기 위해, 개발자들은 보다 건강한 사용자 경험을 제공할 수 있도록 적절한 가이드라인을 설정하고, 사용자 중심의 디자인을 적용해야 한다.

이와 함께, AR과 VR 기술이 모든 사용자에게 동등하게 제공될 수 있도록 접근성과 포용적 디자인 원칙을 고려하는 것이 필수적이다. 신체적 장애가 있는 사용자나 디지털 기술에 익숙하지 않은 사람들도 손쉽게 활용할 수 있도록 UI/UX를 설계해야 하며, 음성 명령, 조작 단순화, 색상 대비 조정 등의 기능을 강화하여 더 많은 사람들이 편리하게 사용할 수 있도록 해야 한다. 포용적 설계가 이루어진다면, AR과 VR 기술은 더욱 많은 사람들에게 혜택을 제공할 수 있으며, 사회 전반에 긍정적인 변화를 가져올 것이다.

또한, 지속 가능한 기술 개발의 중요성도 강조되어야 한다. AR과 VR 기기의 생산 및 사용 과정에서 발생하는 전자 폐기물 문제, 에너지 소비 절감 방안, 친환경 소재 활용 등의 논의가 점점 중요해지고 있다. 개발자와 제조업체는 단기적인 기술 혁신뿐만 아니라 장기적인 지속 가능성을 고려한 제품 개발에 집중해야 하며, 사용자 역시 기술을 책임감 있게 활용하는 태도를 가져야 한다. 환경 친화적인 기술 개발과 지속적인 유지보수 시스템을 도입한다면, AR과 VR은 더욱 지속 가능하고 윤리적인 방식으로 발전할 수 있을 것이다.

결론적으로, AR과 VR 기술은 단순히 가상 공간을 구현하는 것을 넘어 인간의 생활 방식 자체를 변화시키고 있다. 교육, 의료, 산업 등에서의 실질적인 활용 가능성을 높이면서도, 기술이 가지는 사회적 영향과 윤리적 문제를 해결하는 것이 앞으로의 중요한 과제가 될 것이다. 기술이 인간을 위해 존재하는 만큼, 그 방향성 역시 인간 중심적인 관점에서 설정되어야 한다. 미래의 AR/VR 기술은 더욱 발전된 형태로 우리의 일상에 스며들 것이며, 우리는 이를 보다 책임감 있게 활용하고 발전시켜야 할 것이다.

11.2 실무자와 연구자를 위한 제언

AR과 VR 기술이 발전함에 따라, 이를 개발하고 연구하는 실무자와 연구자들은 보다 책임감 있는 접근 방식을 취해야 한다. 단순히 기술적 진보를 목표로 하는 것이 아니라, 인간 중심적 설계를 기반으로 사용자 경험을 최우선으로 고려해야 한다. 특히, AR/VR 환경에서 사용자의 몰입 경험을 향상시키는 동시에, 기술로 인해 발생할 수 있는 윤리적 문제와 데이터 보안 문제를 신중히 다루는 것이 필수적이다.

실무자들은 AR/VR 시스템을 설계할 때, 사용자의 편의성과 안전성을 보장하는 데 집중해야 한다. 이를 위해 다음과 같은 원칙을 고려해야 한다. 첫째, 사용자 인터페이스UI와 사용자 경험UX 디자인을 최적화하여 직관적이고 쉽게 접근할 수 있도록 해야 한다. 이를 통해 다양한 연령층과 기술적 배경을 가진 사용자들이 불편함 없이 AR/VR 환경을 활용할 수 있도록 해야 한다. 둘째, 개인정보 보호 기술을 적극적으로 도입하고 데이터 암호화, 익명화, 보안 프로토콜 등을 적용하여 사용자 데이터를 안전하게 보호해야 한다. 셋째, 몰입형 미디어가 사용자의 신체적·정신적 건강에 미치는 영향을 최소화할 수 있도록 사용 시간 제한 기능, 피로도 조절 알고리즘, 시각적 부담을 줄이는 설계 기법 등을 포함해야 한다.

한편, 연구자들은 AR/VR 기술이 단순한 오락이나 엔터테인먼트 산업을 넘어서 교육, 헬스케어, 제조, 원격 협업 등 다양한 산업에서 보다 광범위하게 적용될 수 있도록 그 가능성과 한계를 지속적으로 탐구해야 한다. 특히, 교육과 헬스케어 분야에서의 AR/VR 활용 연구는 사회적 가치를 높이는 중요한 역할을 할 수 있다. 예를 들어, 의료 분야에서는 VR을 활용한 가상 수술 훈련이나 원격 재활 치료가 더욱 정밀하게 발전할 수 있으며, 교육에서는 실험과 시뮬레이션 기반의 몰입형 학습 환경이 기존의 전통적 교육 방식보다 효과적인 학습 성과를 제공할 가능성이 있다. 또한, AI와의 융합을 통해 맞춤형 콘텐츠를 제공하는 연구도 더욱 발전해야 한다. 연구자들은 이와 같은 기술적 응용뿐만 아니라, 기술의 윤리적 측면까지 고려하여 지속 가능한 연구 방향을 설정해야 한다.

이처럼 실무자와 연구자 모두가 AR/VR 기술의 발전을 보다 신중하고 책임감 있게 이끌어나가는 것이 중요하다. 기술이 인간 중심적인 방향으로 발전할 때, 보다 의미 있고 안전한 디지털 경험이 가능해질 것이다.

11.3 핵심 연구 질문 및 향후 연구 방향

이 책에서는 AR과 VR 기술이 현재 어떠한 영향을 미치고 있으며, 미래에는 어떻게 발전할 수 있을지에 대한 다양한 논의를 다루었다. 하지만 여전히 해결되지 않은 중요한 연구 과제들이 존재하며, 앞으로의 연구에서 더욱 심도 있게 다뤄져야 할 핵심 질문들이 남아 있다. 향후 연구가 주목해야 할 주요 주제들은 다음과 같다.

첫째, AR/VR 기술이 사용자의 인지와 감정에 미치는 심리적 영향은 무엇인가? 현재 AR/VR 기술은 사용자의 몰입 경험을 극대화하는 방향으로 발전하고 있지만, 그로 인해 발생하는 심리적 변화와 부작용에 대한 연구는 아직 부족한 실정이다. 가상 환경에서의 과도한 몰입이 현실 감각을 흐리게 하거나, 사용자의 정신 건강에 부정적인 영향을 미칠 가능성이 있는지 더욱 심도 있게 연구해야 한다. 예를 들어, 장시간 VR 환경에 노출되었을 때 주의력 결핍, 불안감 증가, 현실 소외 등의 현상이 발생할 가능성을 체계적으로 분석할 필요가 있다.

둘째, 산업별 AR/VR 응용에서의 성공 요인과 실패 요인은 무엇인가? 현재 AR과 VR 기술은 다양한 산업에서 활발하게 도입되고 있지만, 모든 사례가 성공적인 것은 아니다. 예를 들어, 일부 기업에서는 AR/VR 기술을 도입했음에도 불구하고 기대했던 성과를 거두지 못하는 경우가 발생하고 있다. 이에 따라, 다양한 산업별 사례를 비교 분석하여 AR/VR 도입의 핵심 성공 요인과 실패 요인을 도출할 필요가 있다. 이를 통해, 향후 AR/VR을 도입하려는 기업과 기관들이 보다 효과적인 전략을 수립할 수 있도록 도와줄 수 있을 것이다.

셋째, 데이터 보안과 프라이버시 보호를 위한 최적의 기술적 방안은 무엇인가? AR/VR 기술이 사용자 데이터를 수집하고 처리하는 과정에서 보안 취약점이 발생할 가능성이 있다. 특히, AR/VR 시스템이 사용자 움직임, 시선 추적, 생체 정보 등을 실시간으로 분석하는 과정에서 민감한 개인정보가 노출될 가능성이 높아진다. 따라서, 향후 연구에서는 데이터 보호를 강화하기 위한 기술적 해결책을 마련하는 것이 중요하다. 예를 들어, 프라이버시 강화 기술Privacy-Preserving Technologies, PPT, 블록체인을 활용한 분산형 보안 시스템, AI 기반의 데이터 보호 알고리즘 등의 개발이 요구된다.

넷째, 포용적 디자인 원칙을 적용한 AR/VR 기술 개발은 어떻게 이루어질 수 있는가? AR과 VR 기술이 모든 사용자에게 접근 가능하도록 개발되려면, 포용적 디자인Inclusive Design 원칙이 적용되어야 한다. 하지만 현재 AR/VR 기술은 장애인이나 노령층과 같은 사회적 약자에게 충분히 최적화되지 않은 경우가 많다. 향후 연구에서는 신체적 장애를 가진 사용자가 불편함 없이 VR 환경을 활용할 수 있도록 하는 사용자 인터페이스의 개선, 텍스트 음성 변환, 음성 명령, 조작 단순화 등의 기술적 접근 방안이 더 연구되어야 한다. 또한, 색각 이상자를 위한 색상 조정, 시각장애인을 위한 음성 내비게이션 기능 등이 포함된 보다 포괄적인 디자인 솔루션이 필요하다.

다섯째, AR/VR 기술이 지속 가능성을 고려한 방식으로 발전할 수 있는가? AR과 VR 기술이 상업적으로 성공하기 위해서는 지속 가능한 기술 개발이 이루어져야 한다. 전력 소비를 줄이는 저전력 하드웨어 개발, 폐기물 발생을 줄이는 친환경 소재의 활용, 장기적으로 유지보수가 가능한 소프트웨어 시스템 구축 등이 중요한 연구 과제가 될 수 있다. 또한, 장비의 생산 과정에서 발생하는 환경적 영향을 최소화할 수 있는 방안을 고민해야 하며, AR/VR 기술이 에너지 효율적인 방식으로 활용될 수 있도록 연구가 필요하다.

이러한 연구 과제들을 해결함으로써, AR과 VR 기술은 앞으로 더 큰 사회적, 경제적 가치를 창출할 수 있을 것이다. 단순히 기술적 발전을 위한 연구가 아니라, 인간 중심적이고 지속 가능한 발전을 목표로 연구 방향이 설정되어야 한다. 향후 연구자들은 AR/VR 기술이 더 많은 사람들에게 실질적인 혜택을 제공할 수 있도록, 보다 폭넓은 접근 방식을 취해야 할 것이다.

참고문헌

Azuma, R. T. (1997). *A Survey of Augmented Reality*. Presence: Teleoperators & Virtual Environments, 6(4), 355-385.

Billinghurst, M., Clark, A., & Lee, G. (2015). *A Survey of Augmented Reality*. Foundations and Trends® in Human-Computer Interaction, 8(2-3), 73-272.

Bowman, D. A., Kruijff, E., LaViola, J. J., & Poupyrev, I. (2004). *3D User Interfaces: Theory and Practice*. Addison-Wesley.

Burdea, G. C., & Coiffet, P. (2003). *Virtual Reality Technology*. John Wiley & Sons.

Csikszentmihalyi, M. (1990). *Flow: The Psychology of Optimal Experience*. Harper & Row.

Craig, A. B. (2013). *Understanding Augmented Reality: Concepts and Applications*. Morgan & Claypool Publishers.

Endsley, M. R. (1995). *Toward a Theory of Situation Awareness in Dynamic Systems*. Human Factors, 37(1), 32-64.

Endsley, M. R. (2012). *Designing for situation awareness: An approach to user-centered design*. CRC Press.

Jerald, J. (2015). *The VR Book: Human-Centered Design for Virtual Reality*. Morgan & Claypool Publishers.

Mann, S., & Wilson, C. (1993). *Telepresence: The Next Step in Human-Computer Interaction*. Hillsdale, NJ: Lawrence Erlbaum Associates.

Milgram, P., & Kishino, F. (1994). *A Taxonomy of Mixed Reality Visual Displays*. IEICE TRANSACTIONS on Information and Systems, E77-D(12), 1321-1329.

Nielsen, J. (1994). Usability Engineering. Morgan Kaufmann.

Norman, D. (2013). The Design of Everyday Things. Basic Books.

Preece, J., Rogers, Y., & Sharp, H. (2015). *Interaction Design: Beyond Human-Computer Interaction*. John Wiley & Sons.

Sherman, W. R., & Craig, A. B. (2003). *Understanding Virtual Reality: Interface, Application, and Design*. Morgan Kaufmann.

Slater, M., & Wilbur, S. (1997). *A Framework for Immersive Virtual Environments (FIVE): Speculations on the Role of Presence in Virtual Environments*. Presence: Teleoperators & Virtual Environments, 6(6), 603-616.

Steuer, J. (1992). *Defining Virtual Reality: Dimensions Determining Telepresence*. Journal of Communication, 42(4), 73-93.

Witmer, B. G., & Singer, M. J. (1998). *Measuring Presence in Virtual Environments*: A Presence Questionnaire. Presence: Teleoperators & Virtual Environments, 7(3), 225-240.

장가현, 이연준. (2023). *Augmented Reality(AR) 정보전달 방식의 Head Up Display(HUD) 내 화살표 간격과 깜빡임 속도 차이가 운전자의 시지각 및 인지작용에 미치는 영향*. 디자인학연구, 36(1), 75-92. https://aodr.org/xml/39675/39675.pdf

신윤정(Yun-Jeong Shin), 선혜연(Hyeyon Seon), 이도연(Do-Yeon Lee), 최영숙(Young-Suk Choi), 한지혜(Jie-Hye Han), 정여주(Yeoju Chung). (2024). *가상현실내 자기 현존감 척도(Self-Presence Questionnaire) 타당화*. 교육치료연구, 16(1), 191-213. 10.35185/KJET.16.1.10

https://www.3ds.com/ko/products/delmia/artificial-intelligence-augmented-reality

https://www.ainet.link/9559

이미지 출처

- https://www.fortnite.com/?lang=ko
- https://www.midjourney.com/